U0165378

以和為貴帶來焦慮，息事寧人埋下火種，
如何真正表達情緒與需求？

衝突的力量

THE POWER OF CONFLICT

SPEAK YOUR MIND AND GET THE RESULTS YOU WANT

JON TAFFER

《紐約時報》、《華爾街日報》暢銷作家

喬恩・塔弗 著

蔡心語 譯

方舟文化

獻給孫子瑞特：

我希望你永遠為自己和珍視的事物挺身而出。

前言

如果你曾經在熱門真人秀節目《酒吧救援》（*Bar Rescue*）或《婚姻救援》（*Marriage Rescue*）中看過我拯救失敗的酒吧和陷入困境的婚姻，並認為我是個天生就愛咄咄逼人的傢伙，那也不能怪你。你可能會發現，我在每集節目中至少會有一次一進入別人的地盤就開始大吼大叫。我身材高大、聲音洪亮、熱情激動——是一個威風凜凜、令人望而生畏的存在——因此，大多數人都會認為，好鬥是我最常出現的反應。然而他們都錯了。事實上，我大多時候總是在評估反應的方式和時機。我的激情發自內心，十足真誠，我最在乎的是幫助這些人，但這種情感是以**科學**做為基礎的。爆炸性用語是我的利器，以便讓局面朝我希望的方向推進，而且每次都很有效。

多年來，我一直本能地運用**衝突的力量**。但直到最近，看到幾十個勇士在充滿挑戰的政治和社會環境中挺身捍衛信念，我才驚覺，**衝突對於自由和健康的社會多麼不可或缺**，以及我面對衝突的獨門解方，對人生的成功發揮了多麼重要的功效。

我的第一本書《提高標準：獲得客戶反應的行動準則》（*Raise the Bar*）指導企業主創造和控制客戶反應以獲得商業優勢；第二本書《停止欺騙自己：粉碎令你停滯的爛藉口》（*Don't Bullsh*t Yourself!*）為一般讀者提供誠實面對自己的方法，讓他們克服盲點，採取積極行動。這兩本書都提及了衝突的各方面，包括與他人的衝突和誠實面對自己。但它們並沒有說明來龍去脈，沒有告訴你，當你願意踏上這片擂台，為內心深知的正確之事全力一搏時，這樣的衝突會如何產生深遠而且正面的影響。

生活和工作中的種種體驗讓我領悟，**衝突不僅是好事，還是一種變革**。這本書就是源於這層領悟的成果，也是我的代表作**「塔弗建設性衝突工具包」**（Taffer Toolkit for Constructive Conflict）的由來。

有一種聰明、有效的方法能處理任何種類的衝突。當爭端出現或被挑起時，這個方法可以讓你掌控局面，獲得想要的結果。在接下來的篇幅中，我將藉由自己在生活和工作上所遭遇的大量真實情況以及他人經驗，為你展示面對衝突的技巧。這些案例的當事者都曾鼓起勇氣參與衝突，並以實際經驗改善自己和他人的生活。當然，衝突不是必要之舉，而是你有所選擇並基於策略考量而採取的行動。本書的重點在於**有意識地面對衝突，不受情緒影響**，並擁有一套準則，以實現目標或基本目的。

我在本書章節裡詳細分析衝突和建設性解決之道時，內心有一種非常急迫的感覺。對我來說，從來沒有一本著作的內容和問世時機如此重要。我們不能再躲避爭吵，因為我們認識的世界需要且應該受到保護。為了孩子、社區和國家，我們必須樂意投入爭論。當爭吵終於來到面前，你的選項裡沒有退縮。我向你們提出挑戰——一定要大膽說出自己的想法，因為鍛煉衝突處理技能的時候已經來到！

我們為什麼停止發言？為什麼停止捍衛理想並為它辯護？曾幾何時，我們變得一心迴避衝突，甚至不能在飯桌上與家人談論對我們來說意義重大的價值觀？

我們有時太安靜，習慣忍氣吞聲，產生的空白被其他人填補，從此再也找不到真正的自己。如果不說出來，不允許聲音被外界聽到，思想就不會改變，而所有重要事物都會被吵鬧的少數人把持，沉默已不再是勝利的關鍵。

多數人可能都希望遠離爭執，這種心態我可以理解。因為當你突然發現自己站在輿論「錯誤」的一邊時，即使所說的是事實，也可能沒有人要聽，這令人一想到就害怕——和輿論保持一致似乎是更安全的選擇，至少短期看來是這樣。但是，如今已來到緊要關頭，你必須站出來與暴怒之人對抗，捍衛自己的價值觀、生計，甚至生命。

身為餐館和酒吧老闆，我代表全美成千上萬小型企業，看到地方和州政府的腐敗分子如何在疫情肆虐及緊急行政權的掩護下，以權力掠奪，他們找出並懲罰那些試圖繼續營運、開燈做生意、為自己和員工的孩子提供食物的人。

我們不能害怕為正當理由而戰，如果這意味著必須與他人起衝突，那就來吧！大家正面對決！有格調、信念及風度地大聲說話的時代已經降臨。我絕對不是要說，表達信念非得在社群媒體上成為混蛋，或者非要展開人身攻擊不可。我們不是在搞破壞，踐踏別人的尊嚴不能實現目標。我要強調的是**為信念光榮地挺身而出**，但這也不一定意味著要在衝突中表現得軟弱或含蓄。提高音量的時候已經來到！

你是要繼續默默看著並含淚吞下原則，放任自己對生活的失望一點一滴地侵蝕靈魂？還是要和我在後續篇幅中鍛鍊**衝突肌肉**，義無反顧地站出來說話？

我有時在節目中會全力以赴，你不必做到這種程度。在找不到有價值的對手時選擇退出，有時候反而是正確決定。還有些時候，只需要用平靜的口氣並搭配一系列無可辯駁的事實，就可以把良心話說出來。我們有一種方法能適用於你可能面臨的任何戰鬥。

在接下來的章節中，我將闡述面對衝突時，如何做出策略性回應——如何積極行動而不是做出不對等的回應。為了有意識、建設性且富有成效地扭轉衝突，我認為你需要在採取行動之前評估局勢。我會說明一系列策略以及更細微的技巧，比如：觀察衝突對象的眼睛，看他的瞳孔是否放大，這是提示信號，表明何時應該進入他們的地盤來表達你的觀點；或者何時該說一些鼓勵或安撫的話，並輕輕按住對方的肩膀，如此能讓對方卸下心防，更願意傾聽。我保證，你不必像我一樣叼著雪茄、說個沒完，也能在衝突中取得成效。我提供的這些工具任何人都可以使用！

我的目的是逐步建立你的信心，讓你面對一個或一千個暴怒之人時，永遠不需要放棄大膽地為原則而戰。當下次有人試圖阻止、貶低或打發你時，你會好好評估風險。但首先，你要學會我在接下來的篇幅中分享的方法，以符合你的需求、讓你堅持立場，並獲得想要的結果。堅持很重要，請記住，**你的原則永遠值得你「大吵一架」**。

Content 目次

01

衝突的理由
THE CASE FOR CONFLICT

為什麼建設性衝突對你有好處？

Why constructive engagement is good for you.

在我的職業生涯中，最具爆炸性的衝突發生在錄製《酒吧救援》第一季第三集時，而且那個衝突場面是突然爆發的。那間經營不善、問題重重的愛爾蘭酒吧「艾比」（Abbey）位於芝加哥（Chicago），當時我正對酒吧員工和老闆自我介紹並提供建議，讓他們知道如果不做改進會有什麼風險。就在這個緊要關頭，一位我從未見過的電視台主管忽然出現在鏡頭前，打算干預拍攝工作。

我們姑且稱這位先生為「喬」（Joe）。喬走到我面前，命令攝影師停止拍攝，開始指導艾比的員工。

「你，那邊那個人，我要你做出生氣的表情。」他告訴不幸與他眼神接觸的某個酒保。「還有**你**，我覺得你好呆板！多些反應吧，我要看到眼淚！」然後對一位女服務生大喊，侮辱那個可憐的女人，把她氣哭。

我看著他咄咄逼人又不請自來地出手干預，感覺得到心裡有一把火正在熊熊燃燒，所以我離開現場，打算一個人靜靜地想一想並做出適當反應。我走出酒吧，來到對街節目工作人員和設備所在的大樓，喬跟過來。我什麼也沒說，而他繼續說話，對我發號施令，包括要我用番茄醬塗滿衛生棉條，然後把它放在酒吧洗手間的地板上。

這時我已經受夠了，於是轉身面對他。

「你是要我欺騙觀眾？」

「喬恩，我只是告訴你如何把節目做得更好。」

「哦，真的嗎？所以你才會在那些需要尊重我的人面前打斷和貶低我？他們可是要在接下來的拍攝中聽從我的建議，什麼樣的白癡會幹這種事？」

我當時是真人秀節目菜鳥製作人，劇組有五十位工作人員，包括主持人、製片……很多人都比我內行。我懷著敬畏的心面對拍攝工作，對於第一季十集節目的前景既興奮又期待。但我從一開始就告訴製片，節目必須完全真實。我知道其他真人秀有劇本，但我不為所動。這個節目是為了宣揚我的理念，而不是專為電視台服務。其他人也許可以為了上電視而翻桌子和製造糾紛，但我已經靠自己的本事賺到錢，想要進一步教育酒吧老闆並製作有趣的電視節目，而不是出賣自己或羞辱那些接受我幫助的人。

我與喬的對話愈來愈激烈。他很無禮，用詞傷人，像個硬漢不斷逼近，執意要把他的想法強加在我身上。但我不接受，堅持與他對抗，雙方沒有任何進展。這個一點都不正直誠實的人不值得我浪費時間，於是我當下決定要冒險一搏。

「你的心態不對，思路也不正確，給我滾遠一點！」

我把喬趕出片場，接下來六個小時，據說他一直坐在街區外的麥當勞裡生悶氣，我們則停止拍攝。第二天早上，一群高階主管從洛杉磯（Los Angeles）飛來，勸我放下身段。他們知道我已經準備離開，而這檔節目需要挽救。

「喬恩，你對創意的看法可以和我們不一樣，你也可以生我們的氣，但你不能叫主管滾遠一點！」執行副總告訴我。

但他隨即明白我不是在裝樣子，我真的準備結束這個節目。對電視圈來說，我可能只是個年輕無知的小人物，但從燈光師到音控，每位工作人員都清楚我的立場。這不僅關係到節目品質，也關係到我的誠信。後來我們恢復拍攝，這件事就此擱置。從那天起，再也沒有人要求我拍攝不真實的內容，而喬再也沒有出現在我的片場（他也沒在電視台待多久）。

價值觀很重要

我不在乎你是誰，來自哪裡，做著什麼工作。在我們生活中總會面臨必須準備好面對衝突的時刻。只要你還活著，還在呼吸，遲早會需要為自己和信念挺身而出。你很重要，你的價值觀和意見也很重要。若你明白這一點，怎麼可以在面對挑釁時保持沉默？不管對方是商業勁敵、配偶、雇主、家人還是社群媒體上一群憤怒的陌生人，你怎麼可以允許自己被任何人欺負而放棄原則？

在自由的社會裡，有選擇權是一種福分，我們有義務堅持自己的決定或所選擇的身分。無論你是年輕的非異性戀者（LGBTQ）還是重生的基督徒；民主黨員還是共和黨員；為國歌下跪的棒球選手還是站立的籃球選手，總有一天你必須準備好踏上擂台，為真實的自己與關心的事物奮戰。去他的臉書「好友」！

是的，沒錯，我就是這麼說的。生活在這樣一個時代，任何與主流正統的政黨或運動意見不同的人，都有可能被解雇、肉搜或全網封殺。說出主張可能導致名譽受損，家庭和生活受到威脅或破壞。正因如此，對許多人來說衝突很可怕。他們要不怕得不敢說話，要不就是轉移話題，甚至**道歉**，以避免捲入激烈的爭執。他們寧願成為沉默的大眾，恐懼而靜默地看著自己珍視的一切被吵鬧的小眾吞噬。

這對你造成什麼影響？人們愈不表態，暴怒之人就愈囂張。當你只是坐著被動接受所有虐待，這是在自我貶低。你沒有完全活出生命的意義，你放棄靈魂寶貴的部分。但這對霸淩者來說永遠不夠。你愈退縮和道歉、拒絕捲入衝突，他們就愈不滿意並且要求更多。最糟糕的是，你會**讓自己失望**。

我明白，一想到衝突，大多數人便會產生衝突的情緒——人際間的衝突可能導致意見分歧，進而破壞友誼；還可能使辦公室文化變得讓人難以忍受；在極端情況下，甚至會引發暴亂、戰爭和流血事件。你可能會想：等一下，文明存在的目的不就是要減少或消除衝突嗎？戰爭很糟糕，人民之間的紛爭也很糟糕。這倒未必。希特勒（Hitler）有因此停手嗎？美國民權法案（Civil Rights Act）有因而通過嗎？或者從個人角度來看，你的孩子有挺身對抗校園惡霸，並透過反擊結束每天的折磨嗎？沒有，沒有，還是沒有。

沒有衝突，我們就沒有任何立場。但是，當我們願意投入正面積極的衝突，就會有滿滿的收穫。就像當初我賭上所有風險，全力對抗電視台主管喬，如果我臨陣退縮，《酒吧救援》這個節目恐怕無法拍到八季兩百多集。

如今，我們已經改寫真人秀的遊戲規則。在一億一千八百多萬觀眾中（本書撰寫期間），有許多粉絲說他們很喜歡這個節目，正因為我們完全真實、沒有劇本。我們已經激勵數百萬小型企業主恢復生活和事業，而我也有幸擁有媒體平台，能夠繼續激勵更多人。這一切都是因為當初我願意與電視台正面對決，為堅持自己的價值觀和保持真實的權利而戰。

強迫問題降臨

我這輩子不知道遇過多少次轉折點，而我總是很樂意在這種情況下投入建設性衝突，將自身提升到新的層次。雖然我不一定能控制衝突當下的條件和時機，但我會深思熟慮後再採取行動。我向你保證，這種時刻無法避免，因為只要你的職業和生活不是毫無風險，就不可能**躲得掉衝突**。我要重申，這是**好事**。舉例來說，雇主和員工間的衝突，如果處理得好，就可以出現很好的結果。

有時候，為了解決有害的問題，你甚至可能要強迫衝突發生，就像我在《酒吧救援》第三季的〈惡意接管〉（Hostile Takeover）這集節目所採取的行動。節目中三個酒吧老闆不斷為了大量瑣事爭吵，沒有把注意力放在經營的根本問題上。

合夥人傑瑞（Jerry）是個酒鬼，他持有酒吧四〇%股份。另外兩位合夥人則各持有三〇%股份。由於他倆誤以為傑瑞是大股東，而且誰也不想先提起傑瑞的酗酒問題，所以最後落得一事無成。無用的爭吵一直持續著，直到我出現。我告訴這兩個小股東，他們只要把股份合起來就可以大過傑瑞的股份，這讓他們重拾權力和信心。經過一番努力，我終於成功說服他們勇敢提出傑瑞的酗酒問題，請他離開酒吧，停止危害生意，並且回歸重點——打造一家可以盈利的酒吧。一旦兩人明白自己握有多數股權，就能夠眾志成城，一起解決掉棘手的衝突——傑瑞和酗酒問題。

這集節目說明建設性衝突可以為最重要的人際關係帶來正面影響。家人、朋友和盟友曾經與我們攜手度過困境，如今我們為了有價值或正確的目標而戰，可以喚起大家當初的革命情感。攜手面對衝突，可以加強家人、朋友和同事之間的連結。一旦勇敢說出心中的感受，我們便會明白，面對衝突讓我們有機會建立更緊密的關係。（這裡也要說說傑瑞，他已經戒酒，後來變成我的好朋友，每逢假日都會連絡）。

反過來說，沒有解決的衝突會變得有害，以致破壞關係。此外它還會扼殺成長，迫使個人退縮，放棄有價值的追求。不妨試想一想，幾位太空人在密閉空間裡一起繞行地球軌道長達數月，會是什麼情況？想像一下，微小的煩惱在太空站內如何慢慢發酵……。在那種環境裡，遇到令你發瘋的習慣、行為和後知後覺的魯莽舉動，你根本躲也躲不掉。

太空人瓦倫丁．列別傑夫（Valentine Lebedev）不需要想像就可以告訴你他過著什麼生活。

一九八二年，他在俄羅斯的「禮砲七號」（Salyut 7）太空站度過兩百一十一天，並在回憶錄《太空人的日記》[*1]（*Diary of a Cosmonaut*）中描述了這件事。

由於他們不像一般人可以去外面透口氣或散散步，緩解緊張氣氛。一段時間後，這種壓力就變得難以忍受。

「我們不明白兩人之間到底怎麼了，連走路時默默擦肩而過都覺得被冒犯，我們必須設法改變情況。」[*2]

這位太空人與同行的亞歷山大・伊萬琴科夫（Alexander Ivanchenkov）及各種科學家、醫生、工程師和短期停留的後備太空人一起，在地球上空一百四十英里處生活，他們必須在單調、狹窄和不舒適的環境中保持理智，沒有家人、新鮮空氣及舒適的家庭環境，更沒有重力。一些日記詳細描述了設備故障帶來的壓力，以及他們如何在緊張的沉默中維修長達數小時。在比組合屋大不了多少的空間裡，散落著電纜、文件和各種沒有釘住的太空站小東西，他們在那裡生活和工作，並意識到自己所做的一切無論在地球上看起來多麼稀鬆平常，在這邊都需要一絲不苟地關注細節，哪怕只是在太空花園裡種植黃瓜種子，或清理排泄物以保持管道系統運作。有時，他們對環境和對方的惱怒已經破錶，以致彼此長達數天一句話都不說。

「問題到底出在哪裡？」列別傑夫在繞行太空第一百一十五天時問自己。「是我對同事有偏見，或者我就是那種人？不，這只是我們一直害怕承認的事實，我們不說好聽話，也沒有設法磨去稜角，只是一味假設別人可能誤解我們。」*3

列別傑夫分析他與伊萬琴科夫之間困難而複雜的關係，這種關係在喜愛和惱怒之間徘徊。

「太空人多年來在同一個團隊中進行各種準備和訓練，這很累人……我們必須找到足夠的內在力量（這並不容易）、在團隊中建立開放和信任的關係、對工作達成共識，並為飛行可能遇到的問題做好準備。在我和伊萬琴科夫的關係中，最重要的是去接受並認可對方性格的優缺點。除此之外，我們也絕不能忘記寬恕對方的虛榮心，還要彼此保護，成為真正的朋友而不是假裝……。」*4

太空人的誓言

最終，列別傑夫和同事待在太空的時間破了當時的記錄，而且沒有淪落到互砍的下場。儘管他們承受巨大的壓力，依然妥善處理衝突。列別傑夫在太空船升空當天的誓言，可能與他們後來順利以朋友身分完成任務有直接關連——

①在太空站可能發生的各種困難情況下，我必須以理智判斷，而不是被心情左右。

②我不會草率地說話或行動。

③如果伊萬琴科夫有錯，我會找機會對他伸出援手；如果我有錯，我會堅強地承認。

④我將銘記在心：同事也應該要得到尊重，因為他工作很努力，他有好家庭、朋友以及相信他的人。

⑤在任何情況下，我都會自制；不會說粗話或做狠事。

⑥任務的成功取決於我們兩人，唯有我們齊心協力，我在世人心目中才會是一個稱職的太空人及男人。

⑦我相信自己是堅強又聰明的人，可以適當地完成這一項任務——我是經過了漫長的努力才有今天。」*5

列別傑夫想出如何在狹小空間內盡量減少衝突。他很敏銳，知道什麼時候該謹慎面對同事的情緒，也知道事關任務時該據實以告。但是，也許他為了顧及自己的心理健康，有點過於避免衝突。在這兩百一十一天裡，他幾乎每篇日記都在抱怨晚上睡不好——儘管這可能也與他們像蝙蝠一樣掛在艙壁的睡袋裡有關。

傑．巴克伊（Jay Buckey）博士是名醫生，也曾擔任太空人，我們曾經談到如何在孤立的條件下處理衝突。他以列別傑夫的回憶錄為例，說明此時與太空同伴保持關係是最重要的。一九九八年，巴克伊博士接下神經實驗任務並登上太空梭，研究微重力對神經系統的影響。他在十六天內繞地球兩百五十六圈，不一定經歷與太空人相同的緊張程度——在正規太空人看來，他的經歷更像是週末出門散心！「但我看得出來，在太空中，衝突為什麼會達到那種程度。」最近他如此分享。

他之所以願意幫助那些孤立或禁閉的人面對壓力和憂鬱症，並以此做為畢生使命，部分原因便是來自那次太空經驗。巴克伊博士在達特茅斯學院（Dartmouth College）的蓋瑟爾醫學院（Geisel School of Medicine）太空醫學創新實驗室裡重新打造了一些情況，以測試緩解緊張局面的實用方法。

正如巴克伊博士所說，迴避衝突通常不是一個好方法，這可能導致小問題變成大問題。人們可能把不良意圖和意義附加到別人無心的言論和行動上，卻又因不想引起衝突，或者沒有提出討論，導致誤解發酵，結果一開始的小麻煩後來可能會擾亂或破壞你和同事的努力。

巴克伊博士說：「報告指出，在俄羅斯的太空計畫中，有三次任務因為人際衝突而不得不終止，這是重大警訊。」

從我們所知的三個案例可見，太空人因為人際衝突不得不提前返回地球，很可能要付出數百萬美元的代價，因為在即使最小錯誤也可能攸關生死的情況下，沒有解決的緊張關係所帶來的壓力將破壞每一項任務。然而，這些巨大的破壞可以透過謹慎的衝突管理來避免。「不是消除，」巴克伊博士解釋：「因為那些昨天存在的問題，今天仍然會存在。」

我將在後面篇幅分享更多巴克伊博士實驗室所推薦的衝突投入和解決技巧。但是，現在，你需要接受一個前提，亦即衝突實際上是一種健康和真實的方式，可以消除疑慮、治癒關係、推動創造力並獲得結果，不管過程多麼嘈雜和混亂。不要迴避它，萬一發生了，不妨試著投入，讓它為更大的目的服務。利用它來發揮你的優勢，如果你在狹窄空間裡能安然度過建設性衝突，就可以隨時隨地處理衝突，無論你是被困在阿拉斯加（Alaska）極圈內的石油鑽井平台，還是和家人一起在家裡被隔離。對於那些值得維繫的關係來說，懂得在局面演變到不可收拾之前發生衝突，是一種值得擁有的技能。

衝突還可以幫助你樹立標準。如果員工或某個人的行為、績效低於你對團隊的期望，你要不把標準降低並學著接受它，要不就是投入衝突或紀律來樹立標準。我支持後者，因為這是難得的學習機會，能讓他們可以表現得更好。當員工或周圍的人明白你將投入衝突而不是接受降低的績效，他們就會力求表現。從本質上來看，在這些情況下，衝突會刺激成長和進步。

激發創意之火

許多人害怕起衝突，因而對衝突的好處視而不見，例如那些認為孩子的足球比賽不應該記分的父母。我們正處於偉大的社會實驗之中，結果可能會令我們後悔。在沒有衝突的世界裡長大的孩子，由於從來沒有遇過意見分歧或失敗，進入青春期和成年後，對處理日常事務就會毫無準備。那些在不記分球隊裡打球的孩子，始終欠缺全力以赴的動力；單靠上場就得到獎勵的孩子，從來沒有機會體驗冒險犯難後的回報。**衝突是生活的一部分**，我們最好學會接納它，而不是假裝它不存在。

當人們明智地參與衝突時，創新和創造力也可以在其中滋長。想想有史以來最偉大的搖滾和流行樂團，這些成員經常要解決創作的分歧，並在此過程中創造出代表性音樂，包括：披頭四（Beatles）、皇后樂團（Queen）、滾石樂團（Rolling Stones）、槍與玫瑰（Guns N' Roses）、佛利伍麥克（Fleetwood Mac）……。甚至海灘男孩（Beach Boys）也曾為音樂走向而爭執。基思・理查茲（Keith Richards）和米克・傑格（Mick Jagger）一直保持火爆的關係，但基於某種原因，他們「亦敵亦友的情誼」使得滾石樂團的藝術和表演之火在幾十年間不斷燃燒。

當然不是所有如此的關係都值得推薦，畢竟許多偉大的表演都因為衝突未能解決而永遠取消，但藝術家若能以正確方式開展衝突，好好運用激情合作中經常出現的緊張局面，就有可能締造真正偉大的成果——每個樂團成員都要求對方拿出更好的表現、彈出更有力的和弦，或為歌曲的下一個小節打造更優雅或動人的旋律。

哥倫比亞大學（Columbia University）「合作、衝突與難題高階聯盟」的聯合執行主任彼得·科曼（Peter Coleman）接受哥倫比亞廣播公司（CBS）《週日晨間新聞》（*Sunday Morning*）採訪時談到：「每個創作團體——披頭四、巨蟒劇團（Monty Python）……都有很多內部衝突，而後來的因應措施往往能為他們找到更好的解決方案。因此，衝突可以帶來奇妙的創新。」

以團隊的緊張關係解決問題

同樣地，商業團隊能在一些有效掌控的衝突中運作得更好。**團隊合作需要不同的意見**；否則，合作有什麼意義呢？

一些最偉大的想法都來自於激烈的辯論。每個參與者都為自己的觀點熱烈爭論，但也願意接受其他人的想法——創造性解決方案就是在這種情況下問世的。通用汽車公司（General Motors）執行長瑪麗．芭拉（Mary Barra）非常了解這個事實，她和團隊已經成功地解決這個汽車巨頭的最大挑戰。（還記得他們那要命的發動裝置問題嗎？）

「當我們必須做出艱難的決定，為通用汽車的產品指明方向和制定策略，此時應該要有建設性的緊張關係，我們應該進行激烈的辯論。」她上任後接受《洛杉磯時報》（*Los Angeles Times*）採訪時，說道：「我希望這種緊張關係以建設性方式進行，確保我們可以從各個角度評估情況。」[*6]

簡而言之，芭拉所描述的便是建設性衝突。企業領導人往往害怕提到「衝突」二字，但它是經營公司的基本要素，許多合作之所以宣告失敗，都可以歸咎於缺乏衝突。

「各方衝突是制定創造性解決方案與明智權衡競爭目標的熔爐。」傑夫・韋斯（Jeff Weiss）和喬納森・休斯（Jonathan Hughes）在《哈佛商業評論》（*Harvard Business Review*）的〈想要合作？接受並積極管理衝突〉（*Want Collaboration? Accept-and Actively Manage-Conflict*）文章中如此談到。*7

但許多高層往往只看表面現象，比如只在乎不同部門的合作夠不夠緊密，而不是關注合作過程中失敗的根本原因——缺乏健康的衝突。

「事實上，在解決衝突問題之前，你無法改善合作關係。」該文章接著談到，衝突對組織來說非常重要也無法避免。

「因此，高層不應該僅著重於試圖減少分歧，而是需要懂得接受衝突……並接受衝突的機制制度化。」

關於衝突的好處有大量且正在持續擴展的研究，如今已逐漸成為學術界重要的新領域。哈佛商學院（Harvard Business School）管理大師約翰・科特（John Kotter）便坦率地說：「為進行積極、持久的變革，你必須激發人們的活力……而你需要衝突來完成這個目標。」*8

無論經營公司還是過日子，無論是處理與家人、同事還是朋友的關係，原則都一樣。**不要逃避衝突**，把它當做槓桿，讓潛在問題浮出水面，帶來正面改變。然後釋放壓力閥，將所有能量導入更有成效的方向。

最好的藥

所有建設性衝突的最終目標應該都一樣——讓情況變得更好。對名列財富百大（Fortune 100）的公司來說是如此，對人體健康來說也是如此。事實上，避免衝突可能對健康造成難以言喻的損害，請耐心聽我說明。

許多人認為，避免爭吵和「保持和平」可以減少壓力。確實，它也許在短期內會給人一種平靜的假象，但結果其實恰恰相反。當你為了避免引發爭論而在一些話題上小心謹慎，一遍又一遍吞下想說的話，變得沉默和壓抑——這對身心其實有害。它可能導致壓抑的憤怒和挫折感生成，因為內心的騷動沒有被表達出來。如果你不給自己宣洩不滿、反對或擔憂的機會，你更有可能不斷重複審視這些問題，僅自己在腦海中反覆思量，而無法以積極方式解決問題。隱忍不但會扼殺維持健康關係所需的溝通，還會導致憂鬱症、自尊低下等問題，甚至可能使人因為無數個不眠之夜而出現認知障礙。

但不要就這樣輕易相信**我說的話**。我有幸認識很多頂尖科學家和醫生，愈思考衝突，我就愈想知道，是否在某些情況下，衝突對健康有益？容許自己進行一場老派的爭吵，在心理、身體和生理上是否真的有益？因此，我諮詢了克利夫蘭診所（Cleveland Clinic）的盧魯沃腦健康中心主任「馬萬．薩巴格」（Marwan Sabbagh），請這位領先群倫的神經學家談談他對我的理論有何看法。

他告訴我：「順從的人不斷把理想擱在一邊，服從、轉移和讓步以避免衝突，但並沒有解決任何問題；他們只是把它內化罷了。」

「那麼這對大腦會有什麼影響？」我問。

「從化學角度來說，如果有未解決的衝突，隨著時間過去，可能會影響大腦的神經傳導物質，包括負責決定『戰鬥或逃跑』（Fight-or-Flight）的皮質醇（Cortisol），還有多巴胺（Dopamine）和血清素（Serotonin）。」

換句話說，若你將衝突造成的不安埋藏在內心深處，它可能會一直延續下去。因為你沒有為自己挺身而出，而不斷釋放的皮質醇——壓力荷爾蒙——便可能造成慢性焦慮，抑制那些令你心情輕鬆的化學物質，進而剝奪了生活的樂趣。

反過來說：「解決個人衝突在情緒、睡眠和認知方面有很大的好處。」薩巴格博士告訴我。

換句話說，有意義的建設性衝突能夠解決問題，它是對你的神經、身體和情緒健康最好的藥物。如果人際和內在衝突是大多數壓力的根本原因，那麼處理這種衝突將重拾人對情況的掌控感，進而恢復健康。不妨回想一下你與朋友或所愛的人「將誤會說開」的那一刻，當一直壓在心底的感覺終於被放掉時，你是多麼的輕鬆。或者回想一下你與可敬的對手進行熱烈辯論後腎上腺素激增的感覺。這些正面積極的情緒會沖刷你的神經系統，進而讓你恢復平靜感。

「正面處理衝突有益健康，這個說法當然有道理。」克利夫蘭診所臨床神經心理學家賈斯汀・米勒（Justin Miller）博士同意這個理論。「如果病人的應對方式是默許和避免衝突，或許可能有助於減輕衝突造成的短期不適和焦慮。但是這種迴避行為會自我強化，成為另一個問題。因此，為了問題而爭吵並發生衝突，可以被認為是一種**積極主動的焦慮管理**。」

當我在 Podcast 節目中向朋友菲爾・麥格勞（Phil McGraw）博士提出這個理論時，他亦表示認同——那些願意投入衝突的人和從不還嘴的人之間，存在生理上的差異。

「長期未解決的衝突使大腦的腦內啡（Endorphin）或受體變得遲鈍，對身體其他部分可能產生有害影響。不捍衛自己的立場，事實上可能對健康不利。」

因此，建設性衝突甚至可以視為一種治療！

心態決定體重

關於身體和心理健康與衝突的關係，還有很多方面需要探討，可以另外寫一本書。伊恩・史密斯（Ian Smith）博士是電視節目《名人健身俱樂部》（*Celebrity Fit Club*）的主持人，專門進行減肥挑戰，曾與無數患者發生衝突，他們的飲食失調往往是衝突多年未解的結果——包括與家人、社會和自己的爭戰⋯⋯。

「如果你不透過有意義的衝突來解決問題，可能會導致體重減輕或增加。」史密斯博士如此解釋：「結果就是透過食物來痲痹自己和舒緩緊張情緒。」

簡單來說，如果你在辦公室裡該說什麼話的時候不說，放任無法接受的情況持續下去，你回家後就會感到沮喪，並且伸手去拿洋芋片。

「大多數人從來沒有把這兩種行為連結起來。」史密斯博士解釋。他的書《心態決定體重》（*Mind over Weight*）[*9] 深入探討了不健康的體重和未解決衝突之間的惡性循環。「對我的許多病人來說，問題根源都來自童年遭遇，他們覺得被家人羞辱，而且從來不認為自己的尊嚴值得捍衛。他們不允許自己參與任何形式的衝突，即使被侮辱或不受尊重。」

正因如此，這位良醫在適當時機採取了「愛之深責之切」措施，正如我在《酒吧救援》的做法。他與病人起衝突，尋找破口。「這樣我就能直搗黃龍，查出他們為什麼會有這些感覺。」這是挖掘舊傷疤的漫長過程，為的是找到他們缺乏自信的根源。有時，他必須「把那個人拉下來，才能幫助他重建自尊」。

史密斯博士與病人發生衝突，迫使他們思考這個事實——自己未來極可能面臨糖尿病、腎衰竭、心臟病及一大堆其他的醫療問題，這些問題將影響健康並縮短壽命。史密斯博士讓他們正視原本不願面對的討厭事實，以便著手解開他們的情緒包袱——正是這個包袱導致他們總以吃來宣洩情緒並且慢性自殺。

「身為醫生，我很清楚，如果他們不去改變，將面臨何種情況。因此與病人進行建設性衝突，並鼓勵他們面對自己和他人的根本問題，是我行醫的重要部分。」

以目的為導向的衝突

迴避衝突可能會危害生命。不過，有個好消息——既然我們都是單獨的個體，我們也都可以賦予自己權力，利用衝突來改善生活及周遭世界。

有很多工具可以讓你公平、積極、成功地利用衝突。健康地投入衝突從來不是出於衝動反應，而是**來自深思熟慮的策略**，並且是**有目的**地進行。正確處理衝突會賦予你力量，而我將傳授一套工具，使你能充滿信心地駕馭這種力量。再次強調，不需要每次遇到衝突就閃避，要接受並駕馭它，將它用於良好的目的。

成功的衝突管理對每個人來說都是可行的，我將在後續章節詳細介紹投入相互尊重且有效的衝突所需的方法、技巧和竅門。一旦你開始實踐衝突的藝術和科學，很快就會發現它的好處。承認並投入衝突可以當做一種澄清事實的方式，幫助你了解問題根源，一旦解決問題，我們便能鞏固友誼、減少職場的爾虞我詐、幫助各國結盟，減少或消除不斷升級的緊張局勢。我把這種健康的衝突稱為**「有目的的衝突」**或**「審慎的衝突」**。

這種衝突有什麼特性？它的過程不會太愉快。我無視節目的「政治正確性」規則，面對那些我嘗試要把他拉出財務崩潰邊緣的人，總採取正面對決的方式，因為我關心他們。我的聲音很高，有時甚至非常刺耳。這叫愛之深責之切。然而，儘管局面劍拔弩張，我的目的總是為了挽救生計和生命。

我並不是要建議你每次都用當面對決來解決衝突。大喊大叫和罵人雖然是我的正字標記，但事實上僅在有限情況下生效，**幾乎不是**我用來解決爭端的首選方案。所有衝突都是從討論開始，接著漸漸變得意見分歧，最後進入衝突。討論可以結束衝突，也可以讓衝突升溫，它往往在毫無預警或任何宣告的情況下發生。正是在這個緊要關頭，這個個人或職業生涯的決定性時刻，每個人都得做出抉擇——是要順著討論的流程走下去；還是「跨出」流程，讓衝突升溫。有尊重的基礎、有明確的目標、有參與的正當理由，並且相信衝突有其意義，那麼**「跨出一步」就會變成「站起來」**。

健康的辯論對民主至關重要。美國憲法是開國元勳——人類歷史上最偉大的人物——激烈辯論出的產物。它闡明了美國數世紀以來奉行的「尊嚴、自由、公平」這個永恆原則。許多最重要的科學、文化和社會成就都是激烈辯證的結果，眾多觀點和事實在過程中得到誠實且激情的碰撞。一旦缺乏衝突，這一切都不會發生。

以信心面對衝突和有意義的討論，會產生積極的動力。它可以改變思想，讓他人參與進來，並創造前進所需的能量，無論是在個人生涯還是世界舞台上，這都是持續進步的動力。是的，它確實也可能變得混亂，但沒了衝突，一切會更糟。

沒有衝突的世界

如果沒有衝突，我們今天會是何種光景呢？這麼說吧，人們生怕違背當今一些主流的說法，反而使得令人不安的單方面意見逐漸形成。許多原本聰明和善意的領導人與媒體權威人士似乎已經忘記，在國會殿堂、投票以及政治和社會運動中產生的激烈衝突，曾經造就某些最偉大的法案。

不妨想一想《星際爭霸戰》（*Star Trek*）著名的一集〈永恆邊界之城〉（*The City on the Edge of Forever*）的情節。寇克船長（Captain Kirk）、史巴克（Spock）和麥考伊博士（Dr. McCoy）穿越時空回到過去，拯救宇宙。如何拯救？也就是確保第二次世界大戰發生。故事發生在一九三〇年代的紐約，由瓊．考琳斯（Joan Collins）扮演的社會工作者極力推廣和平與非暴力，她以某種方式說服美國不參與在歐洲醞釀的戰爭。結果歷史被改變，納粹獲勝，而我們今天生活的世界也不存在了。為了拯救世界，寇克和船員必須回到過去，阻止這位社會工作者的和平運動，以確保美國捲入一場持續多年的衝突。

這是《星際爭霸戰》最受喜愛的劇集之一，即使是我這種不屬於該劇粉絲的人，依然熱愛這個主題。這齣劇集表面看來是科幻題材，符合一九六〇年代電視娛樂浮誇的表現手法，但它提出一個複雜的問題：該不該全力避免衝突，不管代價有多高？

我們不需要宇宙面臨毀滅也能明白，這個問題的答案是一聲響亮的「不應該」。然而，許多人不願意正視意見分歧，而是一走了之，或者向另一方屈服，放棄自己的信念和價值觀——這並不是獲取幸福人生或成功事業的良策。

最新研究也得出相同結論，將不被承認的衝突比作高血壓。「如果不加以治療，衝突就會像一直被忽視的高血壓一樣，對人體的健康和運作造成持久損害。」*10

社會科學家和組織心理學家到現在才開始了解，當各方分歧的意見沒有公開解決，人們將喪失彼此的信任；不去面對績效不好的員工，將導致企業失敗；最重要的是，為了營造職場的虛假和諧而壓下衝突，將扼殺創新和企業精神。

我們正目睹這種**不健康的消極攻擊**在無數場景中上演。曾經在某所大學校園裡，萬聖節當晚，有一群學生因為認為很有趣而在校園裡扮裝遊行。於是一位一百九十五公分高的年輕人扮成白雪公主，邀請幾位矮個子朋友扮演七矮人當中的噴嚏精、壞脾氣和醫生，裝扮得非常吸睛。然而隔天早上，他們被叫去院長辦公室時，可就沒那麼有趣了。他們似乎冒犯了某位同學，對方迅速向院長舉發了他們。然而沒有人確定到底是什麼原因惹惱了他，因為這位同學從未對「冒犯」他的同學們說過一句話，而是直接向師長投訴。

大學生最著名的事蹟就是違反校規，以便測試同學、社會及學術環境的底線，了解自己可以離經叛道到何種地步。我們都做過這樣的事，而且都在過程中學到一、兩個教訓。身為成年人，我們一般都知道哪些地雷會引爆意見分歧，哪些地雷少碰為妙，因為隨之而來的混亂根本不值得去踩雷。換句話說，我們藉由挑起衝突，在後果中學到教訓。不過，遇到這種被莫名其妙舉發的情況，學生往往很難弄清楚他們到底違反了哪些規則。

在此，不妨想像一個不允許衝突的世界——當你踩地雷的那一刻，法律會撲過來，緊緊抓住你和那隻癢到忍不住去踩了雷的腳。事實上，我們可能早就已經生活在這樣的世界當中。「大學脈搏」（College Pulse）網站進行過一項調查，發現五一％的大學生認為，穿著打扮不合宜的同學應該受罰。當然，學生不應該出現真正令人反感的裝扮，例如：把臉塗黑這個舉動顯然有種族歧視的歷史意義，唯一目的是冒犯，並用痛苦的過去嘲弄他人。但是，鼓勵學生在穿著打扮上尊重他人，與**懲罰**他們無意冒犯他人的裝扮，兩者之間有很大區別。一種是合理的，另一種則不合理。

就像大富翁遊戲的某條規則：翻到這張卡，不能經過起點，不能領兩百元，直接進監獄。這個禁止衝突的未來世界根本不是烏托邦。你原本有權反對別人的錯誤判斷，但在不允許衝突的地方，你會對這種反對下意識地自責，因而打消念頭。我們真的想生活在不能自由表達意見的社會裡嗎？在這樣的社會，我們甚至不和那些意見不同的人說話，而是找權威人士來扭轉局面（不管這「局面」是什麼）？或者我們更樂意生活在這樣的世界裡：透過面對一系列意見分歧來建立規範，讓自己和意見分歧的人都感到滿意？

你已經知道答案了。

如果你認為衝突的成本太高，那就準備好在職場和生活中因為避免衝突的代價而破產吧，等著看你的世界觀被輾壓。

塔弗工具包重點整理

❶ **你的價值觀很重要。**為正確的事挺身而出，是打造自我價值的要素。

❷ **建設性衝突對你想保持的關係有好處。**宣洩不滿，而不是讓它暗中發酵並產生怨恨，從長遠來看，對雙方都有好處。

❸ **衝突對社會來說是必要的。**為了打造真正和正常運作的民主，我們需要自由地表達良知。

❹ **衝突是合作和創造不可或缺的要素。**無論是經營企業還是寫歌，表達不同的觀點會產生更好的產品或作品。

❺ **衝突對你的健康有益。**勉強同意、壓抑自己的意見和不堅持自己的觀點可能有害，漸漸會導致慢性焦慮、憂鬱、失眠和體重增加。

02

頭腦中的爭戰

THE FIGHT IN MY HEAD

接納內在衝突，以新訊息和相反觀點來檢驗立場。

Embrace internal conflict.

Fire- test your position with new information and opposing views.

每當蘿絲瑪麗（Rosemary）與老父親通完電話，她都會感到一絲悲哀。父親住在遙遠的另一邊，她幾乎每年會搭機過去探視他幾次。然而，由於全球疫情帶來的風險，兩人無法見面，她只好每週與他電話連絡三～四次。她的父親這幾年都透過某個二十四小時有線電視頻道來獲取外界所有資訊。他縮在新冠肺炎造就的小泡泡裡，對電視節目灌輸的內容照單全收，從封城到疫苗，再到梅根．馬克爾（Meghan Markle）和哈利王子（Prince Harry）……他就像一塊上癮的海綿吸收著特定且偏頗的觀點。

當然，那些並不是蘿絲瑪麗對世事的看法。她是名小型企業主，不得不透過旅行與社會上其他人士交流，她發現自己的觀點與父親的觀點愈來愈不一樣。她對封城感到沮喪，並對某些限制措施提出質疑。她覺得在民主社會裡，在安全和負責任的前提下，針對問題而辯論和抵制官僚過度干預是健康的。蘿絲瑪麗一直認為這是一種客觀的心態，但現在哪怕只是隨口一提，甚至都還沒有意識到談話已牽涉政治，往往就會激起那位八旬獨居老人的憤怒。她從來沒有想過要惹父親生氣，但她經常發現自己基於自衛心態，總是忍不住要為自身的立場辯護。

為了避免再度發生衝突，蘿絲瑪麗開始審視自己，盡可能保持中立且表面的談話，比如聊聊天氣或父親晚餐打算吃什麼。不久，她逐漸覺得已無法再和心愛的父親分享真實感受。那個養育她長大的男人曾經那麼溫柔、體貼又聰明，然而如今她卻得小心地走過地雷區，這使她感覺父女之間的深厚感情正在消失。他們很快就沒有了可以討論的中性話題，每週三次的電話連絡也縮減到一次。

這是許多家庭在這個讓人不安又失和的時代所面臨的問題。父親和女兒、母親和兒子、兄弟和姊妹、家屬和親戚，要不互相防備，以避免引發爭論；要不毫無顧忌地展開衝突，從憤怒到怨恨，最後彼此疏遠。在許多人的記憶中，都經歷了第一次，所愛之人因為投票或觀點不同而退出了對方的生活。

瀏覽頻道

蘿絲瑪麗絕不允許那種情況發生。她決定打破與父親之間的僵局，找出一些共通點。雖然她不同意父親和那些影響他的專家意見，但她勇於嘗試傾聽。在下一次通話的三天前，她去看了他最喜歡的新聞頻道，盡量蒐集並閱讀與他見解一致的報紙和媒體網站。起初，她發現有些內容非常煩人，但她堅持下來，訓練自己不要對那些內容做出情緒化反應。她拿出最大的耐心，盡可能冷靜地將他們的觀點與自己的觀點進行比較。

她吸收得愈多，就愈能檢驗自己的想法。雖然蘿絲瑪麗不一定同意網路上那些專家學者的觀點，但她看得出來，如果父親只接觸這些東西，他就會持有某些特定觀點。她發現，在她喜歡的頻道和社群媒體上，新聞主播和評論員會故意曲解並強調某些故事和事實。她也發現，很多評論是為了分化大眾而設計的，搞得除了極端和完全相反的意見，似乎沒有其他空間。

幾週後，蘿絲瑪麗開始透過全新角度看待問題。她在一些話題上採取更中立的立場，也更願意聽取另一種觀點——亦即父親的觀點。她甚至調整了對諸如「刺激消費」和「移民改革」等問題的看法。

蘿絲瑪麗決定在下一次談話中，冒險與父親討論這些敏感話題。不過她沒有一開始就表明自己的觀點，而是先詢問了他的感受。她沒有直接反對或下意識做出回應，而是停頓一會兒，深入思考他說的話。接著換她發表意見，她會引用他最喜歡的主播說的話，讓父親有種受到認可的感覺。談話繼續進行，蘿絲瑪麗表達了自己認同的部分，也巧妙連結自己的經歷，並加上更溫和的觀點。

父親對他們的話題很感興趣，也被女兒的開放態度打動，他在幾個小地方稍微讓步，並大膽詢問她的看法，最後兩人終於找到了一些共通點，使得談話更愉快了——他們不僅分享對當天新聞的看法，還分享了笑話和美好的家庭回憶。父親和女兒不約而同發現，雙方都開始期待起每週兩次、三次或四次的電話連絡。

練一練對立的肌肉

蘿絲瑪麗正在練習一種內在衝突，我認為這是健康參與衝突的重要基礎。她有意將自己暴露在一個不一定會覺得舒服的想法中，以便讓思維更加開闊。

在我帶你們踏上建設性衝突旅程之前，我希望所有人都照做。就像拳擊手踏入拳擊場、跑步、跳繩、深蹲或打沙袋之前，需要鍛鍊肌肉並達到適於打拳的體重。你必須鍛鍊自己的內在衝突肌肉，做些地板運動和阻力訓練，才能強壯、靈活、迅速。一些快速練習可以讓你在思想的競技場上獲得戰鬥力，包括下列建議——

- 拿起電視遙控器，效法蘿絲瑪麗：轉到其他頻道。例如有線電視新聞網（CNN）或微軟國家廣播公司（MSNBC）的觀眾，可以轉去福斯新聞（Fox News）幾分鐘，或者只在能忍受的範圍內轉台都可以。從克里斯・華萊士（Chris Wallace）[1]或哈利斯・福克納（Harris

1 編註：美國電視主持人、政治評論家。現為CNN+《誰在和克里斯・華萊士談話》（*Who's Talking to Chris Wallace*）的主持人。

aulkner）[2]等溫和派開始，漸漸進展到塔克・卡爾森（Tucker Carlson）[3]（也就是說，或許不要從黃金時段的主播開始會比較好）。同樣地，如果你改看有線電視新聞網，在接觸喬伊・瑞德（Joy Reid）[4]或瑞秋・梅道（Rachel Maddow）[5]之前，先從沃夫・布里瑟（Wolf Blitzer）[6]或國家廣播公司（NBC）的恰克・陶德（Chuck Todd）[7]開始。不要躁進，一次只跨一小步！

- 閱讀報紙和雜誌時，多看一些不同題材或立場的文章。
- 與意見相同的朋友聊天，再找意見不同的朋友聊一聊，但不要試圖在爭論中獲勝，只傾聽和探究。問一些開放性問題，先別急著說出答案，重點是要努力了解朋友的看法。
- 觀察朋友的社群媒體訊息，你會對他們獲得的訊息有多麼不同而訝異。無論我們站在政治光譜哪一端，都會不斷被灌輸一些武斷但往往有問題的主張（後面會有更多介紹）。

2 編註：美國福斯新聞頻道的新聞廣播員和電視節目主持人，曾獲六項艾美獎。
3 編註：福斯新聞政論節目《卡森今夜秀》（*Tucker Carlson Tonight*）的主持人，美國保守派政治新聞記者、時事評論員。
4 編註：MSNBC 新聞記者，自由派政治評論員和作家。
5 編註：美國電視主持人、時事評論員、作家，主持 NMSNBC 的晚間節目《瑞秋・梅道秀》（*The Rachel Maddow Show*）。
6 編註：美國資深媒體人，CNN 王牌新聞主播。
7 編註：美國記者，《與媒體見面》（*Meet the Press*）的主持人。

刻板觀點

如今社群媒體當道，人的內在發展已經變得遲緩。我們生活在被自己的觀點圍困的時代，很少有人能接觸到帶來平衡觀點和資訊的媒體。全天候不間斷的新聞和社群媒體，只不過是在進一步強化我們已經固守的信念，用觀點轟炸我們，讓我們接觸部分真相和完全扭曲的事實。

我們之所以變得如此軟弱，是因為沒能勇於推開這股不斷湧現的潮流，於是被困在封閉心態中，不理會任何可能威脅到我們所珍視之世界觀的人事物，而下場便是**思想停滯**。若我們沒有能力進行內在對話，怎麼可能成長？若我們不允許最輕微的矛盾進入思想，怎麼能消化新訊息以獲得更精微的見解，或讓思維進一步發展？當思想被編造，而且已經萎縮，我們怎麼能與他人進行有效的衝突和溝通？

投入內在衝突的能力，甚至可能改變我們對某一議題的想法，這是一種被嚴重低估的技能。有些新訊息會改變我們的立場，願意接受它們是一種長處，而不是短處。當外界各種意見、訊息和誤導蜂擁而至，我們或支持或提出異議的這個過程可以提高思維靈活度。它讓我們更有效地捍衛核心信念，同時也以更包容的心態傾聽彼此意見。因此，為了自己和關心的人著想，我們有責任提升能力，去接受並思考自己不喜歡的觀點。

這個過程不一定會讓人覺得愉快。持有與信念不一致的想法或行為，在心理學上被稱為「認知失調」（Cognitive Dissonance）。它通常是指以下這類不愉快的感覺：我們知道應該注意膽固醇，偏偏又吃下多汁的起士漢堡和薯條。此時你會意識到，自己的信念彼此衝突，或者行為與信念發生衝突。於是我們會採取行動，試圖消除這種不和諧，比如：自我辯解、否認、不予理會……。因此，我們告訴自己，以後要恢復健康的飲食習慣，隔天早上要去慢跑。

垃圾進，垃圾出

要是我們選擇看待事物的方式被一組事實給擾亂，也會發生認知失調。當然，在社群媒體時代，要趕走那些不愉快的內在衝突感會更容易。我們始終能自行決定要聽從臉書和推特上哪些意見，以強化早已存在的一套信念，消除那些麻煩的訊息。網飛（Netflix）的紀錄片《智能社會：進退兩難》（*The Social Dilemma*）就表明，複雜演算法會基於過去的點擊、搜索和瀏覽，確保人們得到的內容不僅與自己對某些問題的習慣性立場一致，也將我們引向「即使是最離奇的陰謀論也顯得很合理」的道路。我們可以選擇自己所認定的一套事實，不去理會被認為立場偏頗的矛盾訊息，對於那些挑戰現有信念的進一步訊息，我們則選擇忽視或迴避。我們本應盡可能客觀看待另一方，但這種經過過濾的資料不允許我們這麼做，反而導致我們更鑽牛角尖。

不過，對於認知失調的另一種反應，也可能是「希望調和令人反感的訊息」，它可以激勵我們接受新訊息並調整意見或行為。紐約市社區精神病學（Neighborhood Psychiatry）創始人之一的精神病學家「格蘭特．布倫納」（Grant Brenner）博士表示，對那些令人反感的訊息做出更健康的反應，將帶來內在成長、更好的決策和更強的自我意識——這是更符合核心價值觀並與它們更加一致的機會。

「培養內在衝突感是值得注意的好事。」他說：「因為……如果相互競爭的價值觀、信仰、態度等沒有解決或整合，就會大大抑制群體進行建設性對話的能力，以致很難甚至不可能達成圓滿的和解。」

因此，內在衝突以及由此產生的認知失調感，反而是一次自我成長的機會。它使我們的思維更有彈性、決策更客觀；它迫使我們去面對自己不喜歡的事實，並以某種方式處理或解決它們。我喜歡把它想像成漂進牡蠣殼裡的砂礫——隨著時間過去，牡蠣會將那顆討厭的東西包起來，直到它變成光亮的珍珠。這種內心衝突最終可以形成一顆智慧的珍珠。

十九世紀初，美國神學家威廉・埃勒里・錢寧（William Ellery Channing）曾用另一種方式說明：「困難是為了喚醒而非打擊，人類的精神會透過衝突變得強大。」*1

它確實可以，但你必須先打開外殼，讓它進來。

接納相反觀點

反過來說，如果你從不允許自己了解相反觀點，怎能指望完全掌握重要問題？我們如何為自己做出最好的決定？所有觀點都會隨著我們的經歷和成熟而改變，或者至少應該如此。如果我們從不允許自己對某個議題的看法出錯，那當我們立足於社會時，如何保持明智的立場？如果不曾事先允許自己在內在意識中測試，我們如何自信地論證觀點？一旦確認了自己對各種問題的立場，我們就應該歡迎別人來挑戰，而不是害怕衝突。但這要從內心開始。唯有與自己發生衝突，我們才能樹立信心並培養面對外部衝突的力量。

大多數值得你思考的議題往往具有多種層面，而不是極端的非此即彼。以美國的熱門話題「移民」為例。大多數人都說希望人們來美國過更好的生活。美國人認同這個國家是大熔爐，文化多樣性在許多方面使我們變得更好。但是，關於獲得公民身分的各種途徑，以及我們希望邊界開放到何種程度，人民的看法有著非常大的分歧。在得到解決方案的過程中，充滿了激烈的內部辯論。

身為人類，我們在一生中必然會改變對許多事情的看法，這就是所謂的成長。現在的你可能是三十多歲負責任的年輕上班族，或是有十八歲兒女的五十多歲父母，請回想一下，你十八歲時都說或做什麼，並與現在的觀點比較。想一想你當時可能做出的一些決定，例如：輟學、去東南亞當背包客……。如今你身為有兩個學齡孩子的中年父母，這種事看起來風險很大，不是嗎？雖然對一些人來說，吸大麻、徒步穿越布滿地雷的山坡、跳入寮國的湄公河似乎沒什麼問題，但如今你的生活環境已經改變，曾經的冒險現在成了魯莽和不負責任的行為。

多年來，我幾度改變政治立場。年輕時，我完全支持社會計畫。對我來說，徵稅和支出是有意義的。但是，如今我身為商人，對政府的開支有了不同看法。我是雇主和高額納稅人，這個經驗使我在財政上更加保守。我開始相信，政府縮小規模，把我們辛苦賺來的錢多留一些在我們的口袋裡，對經濟和國家來說更好。我可以看到這麼做帶來的直接益處，我有更多現金挹注公司和員工，而員工便可以改善家庭和社區的生活。但明確地來說，我仍然擁護社會自由主義，並積極支持 LGBTQ、公民和婦女的權利。因此，你很難把我歸進任何類型。我不屬於任何黨派，而且，如果你願意認真思考，你可能也不會選擇任何極端政治意識形態。

再次強調，**意見可以而且必須改變**。這是我們的個體發展方式。然而，如果只接觸偏頗或零碎的訊息，我們要如何投入內在衝突？又怎麼能做出明智的決定，或者成為有包容心的人，認識到即使是對立的另一方也還是同胞，可能偶爾會提出好觀點？不接受相反觀點，或者不嘗試處理不喜歡的訊息，是一種不負責任的做法。

在我自己的生活和工作中，曾有無數次不得不去思考，某個自認已經非常了解的議題的其他觀點。幾年前，在《酒吧救援》拍攝現場，有人說了一句話，被認為是對 LGBTQ 的偏見，儘管那句話的本意並非如此——在此要澄清，說那句話的人不是我。但為了糾正錯誤，我和工作人員被要求參加同志反詆毀聯盟（GLAAD）舉辦的四小時教育課程。

起初，我很不高興，心裡嘀咕：「他們竟敢認為我需要上這種課！」我不反對別人的生活方式，並認為自己和任何人一樣沒有歧視心態。不過後來我決定，以積極、開放的心態面對這件事。我去上課，並充分聽取意見。令我驚訝的是，那四個小時的討論非常有力，讓我意識到若要打造更友善的工作環境，我還有很大的努力空間。我也領悟到，人都不完美，都會不自覺做一些可能傷害別人的事，即使那是無心之過。

容許自己從新的角度聽取意見——即使是在自認早已明白的情況下——這個做法拓展了我的思維，使我領悟到，這個問題比我想像的要複雜和多面。這次的上課是個恩賜。

探究與反擊

我還有許多其他方法，能將全新和對立的想法引入思維，幫助我鍛鍊內在衝突的肌肉。

不管是在工作或生活中，我身邊總圍繞著不同意見的人。我在好萊塢（Hollywood）打滾多年，有幾個電影和娛樂圈好友，他們的政治立場跟我比起來更偏向左派。他們知道我在某些問題傾向於堅定的中間派，而在其他問題則略偏向右派，這總使得晚餐談話非常生動活潑。我們可能會聒噪地討論，但不流於爭吵。我們為自己創造安全的空間，可以公開交談，接受不同意見，同時也自我嘲弄一番。

但是，對我來說，這些有趣的辯論具有嚴肅的目標。我真的想知道，為什麼我深愛和尊重的人碰巧在某些問題上與我有相反的結論。因為這些人對我來說很重要，我不能直接摒棄他們的意見。散會後，我每每特意回顧交流過程，從各個角度審視他們所說的內容。這不僅為下一次的友好討論磨練技巧，隨之而來的思考過程——或者說我允許自己認知失調——也讓我能提出不同的意見。

我也很喜歡公司副總兼幕僚長尚恩．沃克（Sean Walker），他是非常聰明的千禧世代，傾向左派。尚恩經常與我意見分歧，而我總是想知道原因。我不反擊，也不生氣。他代表一整群對我們業務非常重要的人，有他在我的圈子裡，我就有機會了解這群人的觀點。我們在某些議題上可能永遠沒有共識，但聽取他對廣泛問題的看法，有助於我深入理解另一方的觀點。我完全信任尚恩的用意和智慧，這使我願意打開耳朵，接受他的意見，並記在腦海中，而且不帶任何偏見。正因如此，我在思考當天最具煽動性的新聞頭條時，可以建立一些靈活性和包容心。

我們都需要這類的心理斷路器，以防止自己走向極端。我們都需要主動培養內在衝突技能。在這個時代，保持中立比以往更加困難，導致我們陷入了危險境地。唯有中立派當道，才能防止極端分子控制局面，但如今中立派愈來愈沉默，都快要消失不見了。

在成長過程中，我看著華特．克朗凱（Walter Cronkite）[8]和愛德華．默羅（Edward Murrow）[9]等主播以公正嚴肅的態度發布當天新聞。我們都認為可以相信他們陳述的事實，因為他們所說的話當中就只有事實。他們總是冷靜地報導國內外大事，不刻意編造，並在完整背

8　編註：美國記者，美國電視聯播網哥倫比亞廣播公司（CBS）的明星主持人。

9　編註：美國電視聯播網哥倫比亞廣播公司的著名廣播記者。

景下提供必要資訊。

然而現在我們看到的淨是播報台上的惡霸，他們覺得有權宣揚自己認定的事實——唯有這些「事實」支持他們當下的論點，他們才會說出來。

我們生活在缺乏準確性和客觀性的環境中，有責任挺身而出，盡量蒐集零碎訊息，再把它們拼湊起來。在這個過程中，內在衝突可以提供幫助。當我們開始質疑自己恪守的信念，而不是停留在自我滿足的正義感中，就可以逐步找回愈來愈難以捉摸的真理。如此一來，我們就會成為中間派，秉持誠實、老派的自我懷疑。我希望你能相信這種非線性、有時甚至很混亂的自我對話。當你感受到**內在爭戰**，其實是進步的標誌。

當然，我不是要你非改變想法不可，而是希望你好好打磨立場。透過挑戰自己的內心，讓你的立場無懈可擊；摒棄掉任何站不住腳的東西，只關注那些禁得起檢驗的觀點，將它們發展得如雷射般銳利。

將不和諧的想法引進腦中，可以幫助你清除雜念、防止掉進陷阱。這種內在辯論會讓你準備好贏得最重要的論證。但首先你需要先盤點一下你對某些議題的立場，確保你的信念真正屬於你。

我寫到這裡時，世界剛剛從一場毀滅性流行病和一年多的封鎖與隔離中走出來。大多數人全天候在螢幕前生活和交流，使他們對某些議題的立場更加堅定。由於無法與意見不同的人共聚一堂，也無法直視對方的眼睛，當那些愈來愈偏頗的訊息蜂擁而至時，也沒有人會當面干預、反駁它們。我們正在這些社群媒體打造的小圈圈中被餵養，並待在政治和意識形態的某一方。

相信我，這是故意的。大型科技公司對我們的筆記電腦提供了一個又一個武斷的偏見來灌輸並操縱我們，我們甚至都還來不及喝完早晨的第一杯咖啡就已經被洗腦。我們的行為愈容易預測，他們就愈能控制我們的決策，不僅是點擊或查看的東西，還有在哪裡消費和投票取向。這比把我們的資料賣給廣告商要陰險得多，可以為企業帶來更多財富和控制。他們在操弄遊戲規則。

但你有能力阻止它繼續惡化。從內在開始，你可以破壞別人想強加給你的意見。只要不斷練習內在辯論，你就能有效反擊。這麼做也就等於在為遲早會面臨的外部衝突做好準備。屆時，你將會對自己的信念充滿信心，因為你已經在腦中將它們千錘百鍊。

現在就展開內在衝突吧！

塔弗工具包重點整理

❶ **刻意接觸對立的觀點。**不管是社群媒體、電視頻道或報章雜誌，只要是你知道的不同意識形態的媒體都可以。盡量保持開放心態，至少找出一個你願意接受的相反觀點，或者至少了解某人如何得出結論。

❷ **不要反應，要接受。**刻意讓相反事實或意見在腦中停留幾分鐘或更長時間，讓自己感到不舒服。保留這些想法，從所有可能的角度審視它們。把問題留到明天再解決！

❸ **想一想你對某個問題的強烈感受，列出支持和反對的觀點。**觀察你寫下的正反兩邊結果，看看哪些觀點最接近一致，然後把它們列在支持和反對之間。這就是你的中間立場！

❹ **接近那些你很尊重，但他們不一定贊同你所有觀點的人。**挑選話題，在安全的空間裡進行友好辯論，容許每個人提出不同觀點。仔細聆聽論點，強迫自己找到共通點。討論結束後，想一想他們說過的話。你不必同意，但你可以試著去理解，或至少退一步思考。定期進行這些對話。

❺ **如果談話出現某個主題，你發現有人不同意你的觀點，不妨主動討論。**進一步探究，尋求新訊息，並透過後續問題引出他們的觀點。不要爭論，保持好奇和開放心態就可以。再強調一次，要接受。

03

挑選戰場

PICK YOUR BATTLES

評估何時發生衝突具有必要性和建設性，何時又該走開。

Assess when conflict is necessary and constructive,
and when to walk away.

在北卡羅萊納州（North Carolina）某棟大樓，克萊莉莎（Clarissa）最不想面對的就是不但有問題偏偏又有決策權的管委會。這群人已經管理大樓十多年，她早就懷疑當中有某種程度的不法行為，但她認為小規模腐敗是大多數管委會的固定模式，所以她認命接受現狀。如果這是為了避免與這些人打交道必須付出的代價，那就這樣吧。

有一天，她聽說這些人得到的已經不只是一點點福利——以前他們頂多主導大廳要用什麼顏色油漆，或決定誰能得到人人想要的停車位。但現在鄰居發現，大樓有些發包出去的工程出現可疑的漲價。她開始懷疑，屋主支付的價格與實際成本的差額可能進了某些委員的口袋，這會逼得那些靠固定退休金生活的老年屋主得做出選擇，看是要把錢花在高漲的管理費與評估費，還是拿去看病買藥。

克萊莉莎非常關心這個問題，於是寫了封電子郵件給管委會。管委會高層立刻聯合起來反擊，對她開出毫無根據的罰單，要讓她知道誰才是掌權者——任何人膽敢質疑就會遭受懲罰。眼看管委會選舉即將到來，這是導入新血的好機會，克萊莉莎沒有生氣，而是決定反擊。

她開始調查事實，挨家挨戶拜訪，除了認識鄰居，也去了解他們關心的議題。她聽到很多關於管委會高層欺壓住戶的事，並很快發現有志同道合的鄰居願意站出來，組成新的管委會。

管委會主委（我們稱她為波拉〔Bula〕）風聞苗頭不對，決定對全體住戶寄出一串惡毒的電子郵件，當中充滿對克萊莉莎的不實指控和人身攻擊。這些謾罵非常極端又脫離現實，克萊莉莎甚至懷疑波拉是否具有某種邊緣型人格障礙。她過往幾乎沒有和這個女人直接打過交道，直到在寫給管委會的郵件中向她提出挑戰，語氣平和而專業。但波拉尖酸刻薄的反應看不出一絲的平和與專業。問題是，克萊莉莎該在下一次會議上親自回答這些攻擊嗎？

她決定不與波拉起舞。因為一旦回應荒謬的攻擊，只會讓那群人得到他們不應有的信任。她和夥伴決定展開積極的競選活動，承諾提高透明度，並對住戶更友好、更溫和。他們最後以壓倒性的優勢獲勝。波拉和腐化的同夥被激怒，但是，克萊莉莎知道，他們遲早會害慘自己，就像那些放任孩子在雜貨店吵鬧的父母一樣。

不要和不值得的對手攪和

我與你分享上述故事，是因為它表明，並非所有衝突都是對等的。決定與誰起衝突，以及在什麼情況下起衝突，是我的「塔弗建設性衝突工具包」的第一步。要正確發生衝突需要耗費精力，但有些人根本不值得你浪費力氣。積極正面的衝突必須始於良善的信念，並且你相信可以改變對手的想法或立場。你們必須透過對話來改善關係或情況，儘管對話往往相當激烈。對於對手抱持一定程度的尊重，對整個過程將大有幫助。

對克萊莉莎來說，波拉不是值得耗費精力的對手——不管對她做什麼或說什麼，都不會對大樓的運作產生影響。如果弄得波拉大發雷霆，會不會讓人覺得痛快又得意？也許吧。但與波拉一般見識，對克萊莉莎阻止社區管理不善的目標幾乎完全沒有任何幫助。克萊莉莎跨越了不必要的個人衝突，以更高層次的方式站出來，不是因為她極力避免衝突，而是因為這是明智之舉。提高層次，不隨對方起舞，為克萊莉莎贏得鄰居的尊重和選票。她與一些積極參與公共事務的屋主進行策略合作，實現了絕大多數人希望看到的改變。

因此，在你踏入衝突領域之前，請問問自己下列問題：

- 我的最終目標是什麼？這次交流結束時，我希望獲得什麼成果？
- 與我發生衝突的人或團體是否講道理？他們是否過於堅持自己的立場而不願讓步？他們的觀點或許與我的不同，但如果有機會說明，是否可能讓他們接受我的思維？
- 我的對手是那種喜歡為爭論而爭論的人嗎？他是否傾向於衝著我大喊大叫，只為贏得勝利，掌握最後的話語權？她是否會扭曲我的意思，採取與當前問題無關的人身攻擊？
- 對手是否一心只想避免衝突，以致無條件認同我的說法，直到我走開或放棄這個話題，然後他還是走回老路？
- 對尚未踏上衝突擂台的人來說，可能導致的損害和痛苦是否超過衝突的潛在正面結果？
- 這是不是一段長期關係？我需不需要在衝突後繼續與對方相處並找出和諧的相處模式？
- 有沒有另一種方法能讓不值得起衝突的對手退開，並實現我的目標，而不用進行不可能讓他們改變觀點的激烈交流？

我並不是說你的第一反應應該是避免衝突。絕對不是！這裡的重點在於確保你**將精力花在**

對的人身上，你是為正當理由踏上這個擂台。你要學會分辨某人什麼時候不可動搖，並了解他們的衝突風格。

你該為自己挺身而出，但是，如果遇到傻瓜，不要落入他們的水準。如果你的對手屬於被動式攻擊，會將一切都化為受害者的藉口，那就別浪費力氣；如果衝突的另一方態度輕蔑，大肆侮辱一番就一走了之，不讓你有機會辯解，那就別管他！如果他們不願意公平爭吵，沒有能力傾聽或接受你想說的話，他們的話語、行動和肢體語言會告訴你。你很快就會發現，你不被傾聽。

關掉它！

如果遇不到正面積極的衝突，請像我在節目中做過無數次的那樣——**關掉它！**我曾在《婚姻救援》著名的一集裡，不得不採取這個行動。我在這個節目中強迫夫妻發生衝突，讓他們公開潛在的問題，以便一起努力解決（後面會詳細說明）。這種策略幾乎都能以成功收場。但是，曾經有一對夫婦上節目時，不打算解決任何問題——至少他們其中一人有這種想法。

比爾（Bill）和莉娜（Lina）結婚二十多年，但近幾年來，比爾一直說他不再愛莉娜了。莉娜不僅暗自忍耐，還說服自己這只是暫時的情況。隨著比爾威脅要離開的聲浪愈來愈大、愈來愈頻繁，他們決定參加我的節目。

我和他們相處的時間愈長，愈覺得莉娜有一部分是對的——比爾其實不是真的想要離開，這是一種權力遊戲，目的是讓她順從。她對他照顧有加，忍受著他的大量廢話，繼續做他的受氣包和性伴侶，儘管他對待她的方式很差勁。

我帶他們做一些練習來改善夫妻間的關係，但比爾的立場沒有動搖，反而是莉娜開始展現魄力。一次開會時，她告訴比爾，他該下定決心了。

「你要離開就離開，」她最後對他說：「下定決心吧！」

比爾仍舊繼續逃避，我向莉娜說明情況：「他享受著對妳的權力，還有妳為了他的要求而活。」

莉娜點頭表示認同我的說法。

「妳的善良留住了他；否則，他早已離開。」

我告訴比爾：「那些奉獻精神不如莉娜的一般老婆都會叫你滾遠一點！」

然後我對莉娜說：「看到了嗎？妳說話時，他有多不喜歡？莉娜，是妳給了他權力。」

我揭露的事實激怒比爾，他開始對我大吼大叫，並對莉娜叫囂。

「不要再打斷她了，讓她說吧！」我吼回去：「我在為她爭取，是個男人就告訴她你打算怎麼做！」

比爾的挑釁行為仍在繼續。這時已經可以明顯看出，這對他來說只是一場遊戲——為了贏得節目提供的波多黎各（Puerto Rico）免費度假機會。他不打算改變行為，可悲的是，看來莉娜要繼續忍受他的不斷貶低和羞辱。所以我拍完最後一幕便離開。

臨走前我對他說：「你是個自私的混蛋！完全不願意為妻子努力！」比爾就是個惡霸，簡單明瞭。他不值得我花時間，也不值得莉娜花時間。據我所知，他們仍然在一起，相處模式還是一樣不健康。

掃興的傢伙

我想說，八〇%的人**都是**值得尊敬的對手，但有二〇%的人常常很掃興，讓正面積極的衝突變得不可能。當你跟這些人在一起，你會發現，一想到要和他們進行深入且有意義的討論，你就會感到心力交瘁。他們不來公平爭吵那一套，對達成共識毫無興趣，只想得到肯定或證明自己無辜。總之，他們只想**贏**。

所以，相信直覺，禮貌地點點頭，然後改變話題。對這些呆子敞開心扉沒有好處。有目的的、建設性的衝突並不是為了獲得關注、得到分數或滿足自尊——對他們來說可能是，但對你來說不是。你值得更好的結果。

如何精準掌握正面對決的時機？

如果你在要不要投入衝突的問題上猶豫不決……

首先，寫一份簡單的利弊清單。正面對決的好處和壞處是什麼？提筆寫下想法，釐清你對某一問題的立場或問題的緊迫程度，這比什麼都重要。想想這個衝突是否在五分鐘、五天、五個月或五年後對你來說依然重要？

第二，如果你認識潛在對手有一段時間了，也曾彼此來往，**回顧一下你們的關係**。你們是否曾經在某個問題上達成共識？你能否利用一些共通點來進行公平和建設性的辯論？

第三，想像一下自己在擂台上的情況，包括討論將如何進行、你打算提出的觀點，以及他們可能的反駁。認清導致衝突的情況，以及對方的心態和過去的行為之後，你是否感到振奮並準備好與之對抗？如果是這樣，那就把他們打得落花流水吧！

我要再次強調，你必須考慮**衝突的成本效益**。衡量出那些不值得發生衝突的情況，看看是否要做出艱難的決定，例如：結束一場「有害」的朋友關係，或者讓自己擺脫可能發生暴力的情況。

我在《酒吧救援》著名的一集中曾做出這樣的決定，其實按照當時的情況，更精準的說法應該是「酒吧不救援」。在系列第四季，我造訪「歐菲斯酒吧」（O'Face）。那裡的老闆對顧客和員工都很冷漠；員工對同事和顧客都不太關心，每個人的脾氣都很急躁。

我很快就發現，這個場所有暴力問題，甚至也曾有過幾起針對這家店的刑事投訴。關鍵時刻出現。我透過鏡頭看到其中一位老闆打員工的臉。然後，他提出時薪十美元的額外費用，要求某個員工把另一位員工丟出窗外！我對雇主打員工是零容忍，不管甩耳光或推人都不行，所以我下了車，走到後面的巷子，也就是暴行現場。

「問題不在酒吧，而是你們的人品！」我衝著這對夫妻檔雇主大喊：「問題在於你們對這種事無所謂，所以才亂七八糟的！這裡需要的不是酒吧專業經理人——而是心理諮商師！」

這是我第一次主動撤銷酒吧救援任務，我們永遠關閉了那一集。我可不想救了酒吧，然後在隔週的報紙上看到有人受傷，我不想良心受到譴責。而且我與老闆發生衝突的風險太高，很可能害得劇組和我自己深陷險境。再說一次，這非常不值得。衝突可以揭示真相，但沒有必要讓局面惡化下去。既然有人可能會受傷——那麼結論就是，不，一點都不值得。

在第五季節目中，芝加哥瑞格利球場（Wrigley Field）附近的「記者席酒吧」（Press Box）老闆克雷西（Cressy）是另一個無可救藥的案例。我決定放棄時，劇組已經拍攝很長一段時間了。

想當初第一次進入店裡，這間普普通通的運動小酒吧早已經被果蠅占據。在當地沒有小熊隊（Cubs）球迷的淡季時，酒吧的損失多達三～四萬美元，所以我們需要重新設計訴求和菜單，讓它全年都有人光顧。

我們把名字從原先的「球員休息室」（Dugout）改為「記者席」，以打造一九四〇年代的復古氛圍，並向轉播或報導比賽的資深體育記者致敬。我們建造有古董打字機裝飾的光滑木製吧台，並升級菜單和雞尾酒單；我們還安裝最新型的銷售系統來追蹤銷售和庫存，以確保店家不會因為在吧台後面倒太多、喝太多，結果愈賣愈賠。

克雷西在每個階段都和我作對。他很沒禮貌又傲慢，但天底下沒有我處理不來的情況。對我來說，最麻煩的莫過於他本人就是酒鬼。酒鬼經營酒吧，這是最糟糕的情況，因為他可能會把利潤全喝進肚子裡。酒精奪走他的自制力，使他對員工充滿敵意。

每個失敗的酒吧都有個失敗的老闆，但我幾乎都能讓這些人認清自己哪裡做錯，以及該如何解決問題。當我引起衝突並向他們提供愛之深責之切的建議時，就會有突破性發展。在團隊日以繼夜對酒吧進行全面改造後，老闆們往往會在某個晚上忽然醒悟。但是，當一百多人聚集在記者席酒吧門口，期待迎接全新外觀和內裝時，酩酊大醉的克雷西現身，散發著濃濃的酒味。

他衝過來就想抱住我，但礙於他滿身大汗，我退後一步，舉起手。

「你喝醉了，是不是？」我對他說。

「沒有，完全沒喝。」他撒謊。

「我站在這裡都聞得出來！」

（當時他離我幾英尺遠。）

「現在有個問題，我不能為你背書；你會把這一切都搞砸。」

他喃喃說著要經營哥斯大黎加（Costa Rica）三十六家酒吧之類的話。

「這是你的酒吧。」我低聲而平靜地告訴他：「看是要好好經營，還是要把招牌拿下來，改個名字……你想怎樣都隨你，我要走了。」

然後我轉向他的員工，他們多年來一直在忍受他的胡鬧。

「各位，告訴他們你們打算怎麼辦。」

「我不幹了！」一位酒保說，然後這群人一個個走掉，我也離開了。

由此可見，暴力與酒醉後的愚蠢行為會導致談判破裂，生意告吹。儘管一開始是他們主動來要求我幫忙，但當我面臨純粹的負面情況，而且酒吧老闆完全拒絕接受建議時，我也會放棄拍攝。

醉心於龐克

在第四季節目中，我試圖挽救加州（California）長灘（Long Beach）的「黑光區酒廊」（Black Light District）。這是曾受龐克搖滾樂界歡迎的表演場所，但管理不善又過時，而且損失慘重。老闆大衛・弗蘭尼奇（David Franich）拿了別人的資金，還負債十六萬美元，兩個月後就要關門，但他仍傲慢得令人髮指。我建議他換掉一些東西並提供更多樣的雞尾酒單，他不願配合。我說：「我知道你認為自己在幹嘛，但那些水果糖飲料在這裡沒有銷路。」他看見頂級調酒師提供的酒單時的反應，就像一些恐同的笨蛋。

「你為什麼這麼負面？」我問他：「你只想要我照你的意思去做！」

「你不能大搖大擺來這裡，像卑鄙小人一樣對我說話。」他回答。

「你這個白癡！」我說：「問題出在你身上，你的自負會摧毀一切。」

「回機場去，他媽的快滾！」他說，看起來好像打算對我扔東西。

我非常樂意離開。我最討厭的就是多年經驗和成功被侮辱及否定，特別當老闆一意孤行又經營不善，還不尊重專業人士的意見。

「祝你繼續龜縮會有好運，」臨別之際我又補了一槍：「鎖定龐克族群雖然有優勢，但他們可不是混蛋！」

這個人不值得我花費精力。和我一起戰鬥的人必須具備令我所尊重的特質——一點禮節、謙遜、對成長的渴望……所以我沒有再考慮繼續拍攝這一集。後來有人告訴我，不到一年的時間（二〇一八年七月），這家酒廊就歇業了。有趣的是，在我離開幾個月後，弗蘭尼奇仍在社群媒體上與我爭吵，回答《酒吧救援》粉絲針對他的每一條批評。他歇業那天還上臉書發表最後留言，但早已沒人在乎：

> 如果你是《酒吧救援》粉絲並且在這裡抨擊你從來沒有去過的酒吧 那就給我滾遠一點 這個酒吧支援各種現場演出 這樣的酒吧讓龐克、斯卡、雷鬼……等重金屬樂保持活躍。所以不要相信打電話找我們的節目 他們把自己要說的話放進我們的嘴裡 就想藉此向我們收費 把這間酒吧改成有高級飲料的時髦酒吧 但又不是我們想要的……如果你支持音樂 應該意識到這樣的酒吧不適合每個人。（原文照登）謝謝

我不確定這人到這個節骨眼，他還想和誰爭辯什麼，社群媒體貼文？文法？標點符號？還是他自己？我之前提到，八〇％的人值得你為建設性衝突付出努力，但有二〇％的人只會毫無意義地浪費你時間。在這種情況下，我認為播出了兩百多集的節目，只有四集宣告失敗，是個可敬的數字。我為這個成功率感到驕傲，並很感謝多年來能夠幫助這麼多人。有些衝突會遠比其他衝突更傷人，但是，除了上面提到的極少數例外，這些衝突總是可以改善生意，為業主與員工、合夥人、家人和客戶打造更健康的溝通方式。

還有一件事很重要——在某些方面也許更重要——那就是，要將評估機制應用在人際關係當中。在我們熟識的人當中，或許親戚、朋友、同事，幾乎都會有那麼一個人，總是對任何事情抱持相反意見。無論正在討論的觀點多麼微不足道，或者情況多麼不合適，那個人就是打定主意要跟你唱反調。你會發現自己忍不住在想：真的值得我花時間和精力去反對她說的每件事嗎——儘管我覺得這正是她想要的？當然不值得。

你可以在心中對他們進行查核，將這類人排除在衝突方程式之外。飛行員起飛前會用一張工作表來評估各種因素，如：天氣、能見度和其他安全因素。評估完整份表格後，他們會迅速權衡是否要起飛。你可以做類似的事情，來評估自己是否要繼續進行衝突。例如：將對手在你生命中的重要性以等級一~十進行評分。如果分數是十分，你可以問問自己，就長期來看，衝突是會幫助還是傷害這段關係。

這種衝突評估表，有些人可能稱為直覺檢查表，也可以根據對手的對立程度、衝突的潛在後果或改變其想法的可能性來評定。你在大腦中審視三~四個這類因素之後，可能會決定：是的，沒錯，這個人對自己來說很重要，值得為衝突付出努力。而且，對方雖然有主見，但心態開放，願意聽我說話。

我們都需要評估並問問自己：**走開的代價是什麼，衝突的代價又是什麼？**然後選擇成本最低的那一種。對於每個實際狀況來說，這可能是很主觀的個人問題：「沒有衝突你會失去什麼，而有了衝突你又能贏得什麼？」

再說一次，有些人不值得你跟他們起衝突，因為他們的思維模式已經僵化，沒有人能夠改變他們的想法。他們不接受邏輯和辯證，所以最好避免害自己血壓升高。另外，有些話題少說為妙——如果連討論宗教、政治和其他根深蒂固的觀念都不可能，更別提要改變了，所以不要白費力氣，否則一定會失敗。對那些不願意傾聽的人來說，衝突沒有任何實質效用。衝突是一種工具，只能針對特定目標發揮特定用途，因此在某些情況下，它**不是**正確的工具。

假性點火

虛假衝突或專門為了製造分裂與問題而採取的行動尤其不應該。投入虛假衝突從來不會帶來正面積極的結果，你應該學會分辨、消除和摒棄它。換句話說，**不要上當**。幾個世紀以來，人們利用虛假衝突來挑起麻煩和紛爭。它可能在宏觀或微觀層面進行——不論政府、企業和一般人都會這樣做。在我寫作的同時，它正在發生。各式各樣的鍵盤俠都在推特、抖音和ＩＧ上發布捏造或誇大的故事，以推動偏差的敘事觀點，並創造點閱率，過程中往往損害到人命與企業。

在如今的數位世界裡，社群媒體已經將衝突升高到火熱程度，既可以用來做好事，也可以做壞事。我們還需要注意假新聞和其他形式的錯誤訊息，這些訊息專門用來製造負面和破壞性衝突。（在第八章中，我將解釋為什麼社群媒體很少是建設性衝突的平台，以及如何導正這些線上小衝突，以免它們在虛擬同溫層中炸開）。

我們也可能在腦中製造虛假、破壞性衝突。當我著手挽救紐奧良（New Orleans）的「烈酒波本酒吧」（Spirits on Bourbon）時，老闆布萊德·波漢南（Brad Bohannan）深信店裡的生意是受到了競爭對手的負面影響，因而將所有精力集中在競爭對手身上，而不是照顧自己的生意。他認為自己與另一家店發生衝突，但這種衝突其實只存在他自己的想像中。而那令他憤怒又嫉妒的另一家店，其實只是在做自己的生意。

當我質疑起這一點，布萊德和我發生了衝突。經過不斷逼他正視自己的生意，他逐漸改變心態，重新衡量了自己的做法和行為。布萊德**被迫**重新評估阻礙發展的真正衝突——並不是與競爭對手的衝突，而是他沒有注意到真正重要的東西——他的生意。

經過兩天緊鑼密鼓的評估、改變、培訓和設計新產品，布萊德對新生意興奮不已，漸漸忘記了他與另一家酒吧的假性衝突。最後一天拍攝時，我們一起走過波本街（Bourbon Street），站在他曾密切注意的競爭對手店家外面。我問他，對手的行為是否會影響他的生意？布萊德回答了一聲「不會」，我的工作就此完成。

投入衝突的爸爸

利用衝突的力量追求好結果，需要對自己和對方的動機及目標有一定程度的洞察力與正直心態。儘管我的媒體形象看起來非常好鬥，但我並不會隨便與人發生衝突。身為一名父親，我曾為了是否要和女兒的老師及校長起衝突而苦惱不已。她那時和同學正全心投入一項科展，但某位老師認為她們的表現好得令人起疑，於是當著全四年級的面把兩個女孩叫出來，誣陷她們作弊並羞辱她們，而且不給兩人辯解的機會。

我的女兒在校成績名列前茅，更是個正直而誠實的孩子。她那天晚上回家之後，突然哭了起來。

「親愛的，發生什麼事了？」我問她。

她起初有點不願意告訴我。不是因為她認為我不會挺她，而是她知道爸爸會出面解決，但家長的干預很可能會產生一些意想不到的後果——說不定會因此改變老師對她的態度，然而她在接下來的幾年裡都還得跟這些人打交道。我也知道她不想成為父母會去學校興師問罪的「那種孩子」。這對我來說是真正的左右為難，但也不能讓它就這樣算了。兩位年輕小姐受到極不公正的待遇，需要透過成年人對成年人的方式來解決。在深思一段時間後，我問自己：「身為父親，我怎麼可以不為女兒示範衝突的真正含義和價值？」

第二天，我安排與校長、老師、女兒和一起進行科展的同學見面，我想讓校長聽聽學生和老師各自怎麼說。從他們的陳述可以知道，老師做了錯誤又急躁的判斷，他羞辱女孩們的方式不可原諒。我強硬地表示意見，接著老師真誠地對女兒和另一名被冤枉的同學道歉，從此學校裡再也沒有人誤會她們。

許多家長會告訴孩子不要在意，但這是錯誤的示範。生命中總有某些時刻考驗著我們這些人類，我們要不彎下腰自認倒楣；要不挺直腰桿為自己而戰。如果你引爆衝突不是為了虐待孩子，那有什麼好顧忌的？

這個教訓一直伴隨著我的女兒，如今她已經長大，也當了父母，而且從不害怕迎戰衝突。她是成功的成年人，明白建設性、正面積極的衝突可以打造利於及早解決爭端的環境。她明白在糾紛剛開始時立刻解決，比放任它們擴大要來得要好——她這一生都善用建設性衝突來提升自己。

為了踏上這片應許之地，我們首先必須接受**衝突是生命自然的一部分**，更重要的是，我們必須學會公平和誠實地投入衝突。現在你已經有了工具，可以幫助你選擇正確的戰場，並認清何種衝突才是真實及適當的了。在下一章中，我將教你衝突的規則——即使是最暴力的血腥運動也有比賽規則，戰爭也有交戰準則。

一旦你決定踏入這個競技場，就必須公平戰鬥。

塔弗工具包重點整理

❶ **使用衝突評估表。**（參本書第二九五頁）讓你考慮踏入競技場的人，是不是值得起衝突的對手？不妨評估一下。如果你認識對方已有一段時間，想一想他與別人互動的情形。他是否公平爭吵？她願意傾聽嗎？

❷ **想清楚目標。**除了正面衝突，能不能透過其他方式解決問題？可能會激起憤怒並導致情況白熱化的討論，會不會破壞長期關係，甚至破壞重要目標？你應該顧全什麼樣的大局？

❸ **學會認清虛假的衝突。**某人故意激怒你，會不會只是想博得關注或進行他想做的事？衝突是否僅僅存在於你的想像？你會不會因為不想面對失敗，虛構了外部衝突，但其實它根本不存在？

04

衝突的規則

THE RULES OF ENGAGEMENT

打一場漂亮的仗：乾淨又公平。

Fight the good fight: clean and fair.

在《酒吧救援》第四季中，我前往俄勒岡州（Oregon）挽救「六角酒館」（Six Point Inn）的生意，這是位於波特蘭（Portland）北部聖約翰（St. Johns）一個藍領小社區中由家族經營的酒吧。他們原先經營「半熟蛋餐酒館」（Over Easy Bar & Breakfast），二〇〇九年開幕時是附近僅有的幾家酒吧之一。後來老闆奧列格・皮利班科（Oleg Pilipenko）決定再開六角酒館，並讓沒有經驗的繼女珊妮（Sunny）管理日常運作。

珊妮對奧列格有很多不滿，使得工作環境不良，員工士氣下降，顧客流失。由於缺席的老闆，加上父女關係破裂，六角酒館經營不善，欠下一百萬美元債務。

我很快了解到，生意失敗不過是深層問題的表象——通常都是如此。家庭功能失調——繼父和繼女無法健康地溝通——才是所有問題的根源。我必須讓兩位老闆開誠布公談一談，讓奧列格說出挫敗感，並讓珊妮吐露內心的不滿。但首先，我必須**制定衝突的規則**。

黃金法則「己所不欲勿施於人」是建設性衝突的關鍵。奧列格和珊妮必須停止翻舊帳，他們不能在每次爭論中重提積怨，而必須將注意力放在眼前的問題上。彼此都要能讓對方說出心中想法，並且不必擔心被對方的指控淹沒或被駁回。我的塔弗工具包衝突規則是基於**尊重**，因為尊重是任何文明對話的基礎。有些規則不過只是普通的禮節，而且全都是常識。

尊重對手

你不需要大費周章就能找到這些衝突規則。從大學辯論社到參議院，再到位於首都的國會聽證委員會，到處都可以看到這些規則——儘管最近這些人似乎已經把規則拋在腦後了。

法學院學生在考慮踏入法庭之前，必須學會文明對話的基本規則。他們首先要學習在法庭上「不是聲音最大的人占上風」[*1]。處理衝突最好的方法是以理性和證據為基礎，並按照嚴格的禮儀規範進行陳述。互相提問是過程中的必要環節，即使你們處於對立，也是在為了找到真相而一同努力。

再次強調，與你起衝突的對方也是人。以尊重對手的心態投入衝突將帶來額外好處，可以降低彼此的音量和強度，打造真正交流思想和觀點的環境。如果對手不會糾結於你對他的看法（更精準地說，是他認為你對他有什麼看法），那麼你便已繞過無謂的裝腔作勢和高姿態，可以直接參與誠實且有意義的對話了。因此，請勿貶低對手。指出事實和推理中的缺陷或錯誤是解決衝突的關鍵；攻擊對方則不然。

尋找共通點非常重要，這件事不管再怎麼強調都不夠。重點是，光是這個小小的努力，對於打開對手的耳朵就有很大幫助。當你想提出見解說明自己的想法，請運用對手能理解的明確實例和用語。你真正要做的是找到雙方的連結，而方法則是彼此分享經歷並互相認可。

在《婚姻救援》中，許多夫婦為了婚姻的未來而陷入衝突，我經常與他們談到我的兩段婚姻——第一段失敗，第二段則空前成功，已經維繫二十二年。我知道他們當下的感受，因為我也是過來人。讓他們覺得我對他們的經歷感同身受，能消弭我們之間的爭戰，夫妻雙方也才能開始看到彼此的共通點，於是有意義的對話就會出現。

攻擊政策而非政治家

以正確方式參與衝突的最好例子是星巴克（Starbucks）前執行長霍華・舒茲（Howard Schultz）。無論對手抱持何種政治立場，他對待對方的方式都堪稱經典——他僅針對行動、策略或決定來提出意見，不涉及個人的性格。正確的衝突絕不能牽扯到人身攻擊。

這個連鎖咖啡店經常處於各種文化戰爭的中心。舒茲和星巴克因支持移民、前美國總統唐納・川普（Donald Trump）的難民政策、槍枝權利、美國的種族和 LGBTQ 權利等問題，成為許多保守派的攻擊目標。舒茲甚至願意公開那些不受任何一方歡迎的立場，如承擔國債。但是，回顧舒茲的聲明時，你會發現他只是就事論事。他針對的永遠是政策，而不是政治家；是行動，而不是推特文章。例如，針對川普政府暫時禁止外國人尋求難民身分的政策，星巴克承諾在五年內雇用一萬名難民。他一方面不得罪半個國家的人民，一方面明智冷靜地參與衝突，挺身捍衛核心信念和公司的價值觀。[*2]

舒茲在這些問題上的立場沒有損及星巴克的收入，如果說有什麼不同的話，那就是藉由採取有原則的立場和文明的對話，使得這個品牌有別於一般的咖啡，提升了公司的品牌形象。

遵循參與衝突的規則、公平爭吵，如此一來就能獲得正面積極的結果。衝突不一定會導致你的關係或聲譽受到連帶損害。只要謹記，衝突的另一方也是人，對方愈有可能以正確方式聽取你的意見，也就愈有機會改變他們的心情和想法。這是一種有意識、有目的、文明的衝突方式，它需要你擺脫故步自封的思想，你可以透過以下技巧達成——

- **練習自我意識。**問問自己，當對方發言時，你是如何反應和回應的？有沒有看著對手？與你打擂台的人是否有得到你全部的關注？你是否一心想要說服對方或者曾經打斷對方說話？
- **給對手回應的機會。**這應該是一場對話，而不是單方面說教。
- **提出問題。**不要單方面認定你知道對手的意思，提出後續問題以便釐清。當你明白對手的觀點從何而來，你的論點就會更有力。
- **尋找共通點。**去找出某一類型的關連，這是關鍵。雖然你們對於討論的話題可能出現強烈分歧，但對方不是邪惡的人。挑選沒有爭議的事實（如天氣），找出你們可以達成一致的意見，藉以表明雙方的觀點有可能更加接近。

- **不要失禮！**不要翻白眼或不耐煩地嘆氣，也不要做出貶低的評論。保持一定程度的尊重，用事實、邏輯和熱情取得優勢。你絕不可能以惡劣的態度取勝。
- **區別事實和意見的差異。**
- **始終專注於當前的問題。**不要利用你在打擂台時翻對方舊帳，不要提起對方令你惱火的每件小事。鎖定最緊迫的問題，放下小事，找到問題根源，以大局為重。

基於以上衝突規則，並不代表只有一種方法能達到建設性衝突。根據不同環境、問題或對手的脾氣，你可能想要火力全開，也或者想溫和地提出，以平靜語氣闡述事實。你可以先把別人擊敗，再幫助他們重新站起來，就像我在《酒吧救援》中經常採取的做法——但我從來不會刻意破壞。我攻擊的是行為，而不是某人的身分、性格或外表。有目的的衝突永遠不應該針對個人，塔弗工具包容不下惡毒。

交戰的藝術

全面披露：我與前總統唐納．川普的談判風格相似，至少在他入主白宮之前是這樣。許多生意人往往會在談判初期放軟身段，到了最後階段卻不斷進逼，為雙方剛開始建立的商業關係製造一點緊張氣氛。但我們是初期就來硬的，之後我會在談判中加入一些一次性條款，讓它看起來就像最後的讓步，如此當雙方簽訂交易合約時，商業關係就會從更好的基礎上開始——這就是我們談判／衝突風格的共通點。

不知何故，川普總統一路走來，漸漸失去原有的談判技巧。現在他似乎是為衝突而衝突，不知道什麼叫適可而止。他用殘酷的諷刺和不停的侮辱剝奪人們的尊嚴，就像校園裡的惡霸。在他競選和擔任總統期間，只要有人惹他不高興，他就會在推特上批評他們的外貌、個人習慣、智力或不成功的人生。他對女性的下流、歧視言論讓我搖頭嘆氣。人們封他為「反擊者」，但我不認同。他和對手沒有公平交流，他只是在排擠他們。

很多選民支持他，但他卻一再貶低華府政客，原本這批人可能會一路幫助他勝選，他這麼做等於在挖自己的牆角。如果你打一開始就罵別人是傻瓜，根本不會有人理你。川普在任期結束時遭遇這種孤立，紐約州州長安德魯・古莫（Andrew Cuomo）也是如此——哪怕只是對他的政策和行動稍加批評，他都採取同樣的焦土策略。

川普是浪費衝突的好例子。為衝突而衝突，在任何領域都是一種無效的策略。身為國家領導人，川普的侵略性破壞了他的治國能力。這個人沒有交戰規則，他從來沒有想過，他打的每一場微不足道的口水戰，都是以總統職權進行的，從全國運動汽車競賽協會（NASCAR）車手布巴・華萊士（Bubba Wallace）車庫門上疑似掛著絞索，到阿諾・史瓦辛格（Arnold Schwarzenegger）主持《誰是接班人》（*The New Celebrity Apprentice*）的收視率，種種雞毛蒜皮小事他都不放過。他最糟糕的推特貼文是在談論微軟國家廣播公司名人米卡・布里辛斯基（Mika Brzezinski）以及她的丈夫喬・斯卡伯勒（Joe Scarborough）：

> 我聽說收視率很差的《早安！喬》（@Morning_Joe）說我的壞話（已經不看了）。為什麼低智商又瘋狂的米卡和神經病喬在除夕期間連續三個晚上跑來海湖莊園（Mar-a-Lago），堅持要採訪我？她當時正因為拉皮手術而嚴重出血。我說不要！

這可能是川普任內最粗暴的人身攻擊之一，可以做為非建設性衝突的經典範例。

米卡後來反擊：

> 假設某人進入國家廣播公司並接管它，開始在推特上肆意批評別人的外貌、霸凌別人、談論對手、每天都在撒謊、中傷他的經理人，把他們扔到某處——這種人會被趕出去。這些都是不正常的行為。事實上，人們會擔心，也許這位公司高層已經瘋了。

她說得很對。這對主播夫婦先前對川普執政的批評可能激怒了他，但當他爬進泥坑開始潑髒水，反而不得人心。你若在每件小事上都要與人爭吵，那並非是健康的衝突，而是無盡的對立，只會阻礙未來的溝通。當你表現得像隻瘋狗，就算你說的話很重要，也沒有人要聽。如果他們知道你就算只是遭受最輕微的挑釁都會大肆羞辱他們，那麼將沒有人會以健康、建設性的方式與你發生衝突。

一點甜頭

幾十年前，美國兩黨的政治領袖都是在專業而非個人層面上處理衝突的。前民主黨眾議院議長提普・奧尼爾（Tip O'Neill）和隆納・雷根（Ronald Reagan）對大多數問題的看法都強烈分歧。他們是不共戴天的敵人，議長竭力阻止雷根的減稅和財政寬鬆措施。然而，在雷根第一次任期就職一年半後，國家面臨重大預算赤字，市場陷入不安，雷根意識到自己需要奧尼爾支持，以通過穩定經濟的法案。因此，雷根邀請敵人到白宮碰面，對他講愛爾蘭式低俗笑話，與這位愛爾蘭裔美國同胞破冰。

這是良好的開端，因為他們在接下來幾個月裡拋開對立、開始深談，直到起草《一九八二年稅收公平與財政責任法案》（Tax Equity and Fiscal Responsibility Act of 1982），成立跨黨派社會安全委員會，改正退休制度。這一切全因為兩人找到了小小的共通點。

沒有人敢斷定他們後來是否成為最好的朋友。但傳言指出，雷根中彈後，奧尼爾是第一位到醫院探望他的外人。據說，兩人常常會在整天的唇槍舌劍後共飲幾瓶啤酒。重點是他們一直在交談，最後促成了重要的法案。一九八六年聖派翠克節（St. Patrick's Day）[1]當天，奧尼爾舉辦退休慶祝會，他們說了更多的愛爾蘭笑話，並表達對彼此滿滿的仰慕之情。

「他（雷根）打電話給我，說『已經過了六點下班時間——我們還需要生氣嗎？』」奧尼爾在慶祝會上對大家這麼說：「於是我們坐下來，講了幾個愛爾蘭式謊話。」

雷根表示，奧尼爾邀請他參加慶祝會是因為想找一個真正熟悉聖派翠克的人，在場賓客全鼓譟起來。

「這是真的，提普，我確實認識聖派翠克。我們倆差不多在同一時間換了黨。」*3

我懷念那些可以拋開意見不合，純粹以人為本連絡感情的美好年代。現在這種胸襟已難得一見。

每當蜜雪兒．歐巴馬（Michelle Obama）和前總統喬治．布希（George Bush）在活動中坐在一起時，布希都會偷偷塞給她一顆糖。他們的政治立場雖然不同，但兩人總像老朋友一樣聊天。各黨派和競爭對手之間相敬如賓，這已是長達數百年的常態。當華盛頓特區（Washington,

1 編註：紀念愛爾蘭天主教聖人「聖派翠克」的宗教節日。

D.C.）興建了一座教堂，下一個要建造的可能就是酒吧。美國的第一批領導人在為法律或剛誕生的國家激烈爭論幾小時後，會用幾品脫啤酒、幾口威士忌和幾杯葡萄酒來沖淡當天的爭吵。他們會互相開玩笑或安慰，儘管先前兩方看似不可能達成協議，但等到他們拍了拍彼此的背，再互相捏捏肩膀，便會忽然發現哪怕是當初最堅持的點也都有了讓步的空間。

公諸於世

當我得知要在二〇二〇年大選前幾週於拉斯維加斯（Las Vegas）的川普國際飯店（Trump International Hotel）與唐納・川普進行訪談時，我便決定要進行這種以人為本的連結。明確地說，我對支持任何總統候選人不感興趣。政治不是這次談話的主要目的，我所關注的是我的行業在近幾個月裡所面臨的困境。我希望將兩黨候選人所提出的有關旅宿業的政策公諸於世——旅宿業在每個州裡當然都很重要，但它絕對是內華達州（Nevada）的經濟命脈。事實上，我打算提供他們相同的採訪時間，因此我三次連絡喬・拜登（Joe Biden）的競選團隊，希望進行類似對話，但沒有得到任何回應。

因為疫情嚴重，成千上萬的父母為了維持生計而苦苦掙扎，但在所有競選活動中，幾乎沒有人討論過這方面的政策。我感到事態緊急，因為整體來看，餐飲旅宿業失去的工作和收入比美國任何行業都多。

為了進行這次 Podcast 採訪，我邀請了一些媒體朋友來幫忙宣傳。

「沒有人真正了解你們對這個行業的政策，」我提醒川普的競選團隊：「這將是候選人贏得內華達州工會勞工和小型企業主選票的機會——這些選票可能會很重要。」

我本來預計以網路電話進行訪談，但川普總統不僅願意受訪，而且渴望與我本人會面，令我非常訝異。他們甚至允許我們製作並擁有內容，但沒有編輯權。事實上，川普的團隊很親切，而且做事公開透明。他給了我需要的訪談長度，甚至多了一些。但我不希望總統利用我的平台非議別人、談論杭特．拜登（Hunter Biden）的筆記型電腦，或提起任何岔開話題的事件。我知道他不喜歡被打斷，而且他每每愈講興致愈高，最後無法自拔。但正值新冠肺炎封城期間，我的行業面臨困境，成千上萬公司倒閉，我只希望透過這次訪談得到一些候選人真正的承諾。看他到底能端出什麼政策，幫助全國最大雇主群體之一回到正軌。

嚴格來說，我們並沒有真的發生衝突，我事前便預料到雙方會站在同一陣線。但我很緊張，因為我知道，如果某件事激怒了他，他可能會大力反擊。我有自己一定要堅守的主題，所以就像要上戰場一樣慎重準備，因為這個人有不良記錄，很有可能變得好鬥。我在訪談前做了大量研究，以便在必要時有充分事實足以引用。為了採訪川普總統短短六分鐘，我準備了無數個小時。雖然只是一場看似隨意的談話，但我遍覽與主題有關的國會法案——多達數千頁；

還看了過去的採訪，以研究如何順利引導談話（最好別提到眾議院議長南西．裴洛西〔Nancy Pelosi〕）。我的最終目標是要得到某些問題的答案。這是目標導向並預先規劃的談話，絕對不容出錯。掌握的訊息愈多，就愈不需要製造雜音，以免注意力轉向不重要的事情。

我從共通點著眼，提醒他，他也是旅宿業一分子（他的職業生涯大多在建造和經營飯店、度假村及賭場）。這招果然奏效，川普立即卸下心防，對我萌生同業情誼，並承認他在旅宿業培養的專業能力使他能言善道，成為最好的自己。我讓他發言，但控制方向，以問題和插話引導他回到正題，忽略不相關的內容，只要他說的是我想強調和探索的想法，我就會重複一遍他所說的話。

整體來看，我對這位總統對於事實的精準掌握留下深刻印象。他對我的行業和新冠肺炎大流行期間許多貸款和補助計畫細節也有深刻且全面了解。他說出的事實令我吃驚，很多數據他都記得一清二楚。他誠懇地看著我，對正在受苦的小型企業主表示同情，並指出如果順利連任，他會推動哪些刺激經濟和援助的具體措施。

首先，他談到擴大雇員保留稅抵免，幫助企業主留下員工。第二，他承諾延長薪酬保護貸款計畫（Paycheck Protection Program, PPP）以償還債務。第三（這一點很重要），他承諾重新啟用商業午餐稅收抵免。這些可報帳的商業午餐將吸引更多高所得食客，並成為刺激收入不可或缺的因素。最後，他承諾實施獎勵國內旅遊計畫，這可能是拉斯維加斯和邁阿密（Miami）等地以及紐約、洛杉磯等商業市場的救命利器。

總統有時候會離題，但我只要聽到與主題相關的敘述，就會以眼神接觸加上鼓勵性點頭，讓他回到原先的話題——繼續談論在困境中掙扎的旅宿業——我在自己的電視節目中也使用相同手法，而不是大喊大叫。談話結束時，我感到唐納．川普在某些方面聰明過人，但他不太懂人性。這人多年來一貫好鬥，經我深入研究後，我運用工具包中最犀利的工具，除了提出自己的願望，也保持親切誠懇、富建設性的接觸。至少在那次採訪中，他確實是我希望的領袖類型，也就是為平民百姓著想的人。

我原本很欣賞川普這方面的性格和智慧，不料選舉結束後，他鼓勵憤怒的支持者去國會大廈（Capitol）抗議投票結果，他的優點就此黯然失色，令我難過不已。他想推翻選舉結果，不配合的人就會遭到他攻擊——連他忠誠的副總統也無法倖免。他挑撥離間、製造混亂，因為他不接受選戰失敗，就像蹣跚學步的孩子遇到重大崩潰事件。這種衝突是更大程度的浪費，不僅愚弄並破壞眾多死忠支持者的生活，也等於對美國憲法搧了一記耳光。

川普缺乏風度、行事魯莽，違反健康衝突的每一條規則，因而敗壞了共和黨名聲。一旦長達數月或數年未能以有效對話來解決分歧，或至少就分歧達成相互理解，就有可能出現這種極端情況——這無異自取滅亡。

真正的勝利

衝突不一定是為了勝利。如果你只在乎吵贏並打垮對手，就意味著你投入衝突的動機錯誤。健康且有建設性的衝突是為了幫助人們覺醒，認清彼此有著需要解決的問題。重點在於加強意識和推動正面改變，讓指針繼續前進，哪怕只移動一毫米也無妨。衝突結束時，對方可能會覺得自己大獲全勝，但只要你拿出最好的表現，並以高尚優雅的方式進行，你就已經獲得最真實的勝利，可以昂首闊步地離開。

說不定你已在對手心中埋下懷疑的小小種子。對方離開衝突現場後，每當回想這次交流，你的話語便可能會點燃他內心的衝突，使得他漸漸覺得自己不一定正確。隨著時間過去，也許他會轉而接受不同觀點。就算不會，至少你曾經勇於嘗試。

你在第一章曾讀到伊恩·史密斯博士的事蹟，他投入衝突戰場的終極目標不是為了證明自己是對的。對他來說，衝突是拯救病人生命的工具。雖然許多人信任並聽從他的建議，但也有很多人不聽勸。

「我不知道，醫生，我已經這樣吃很多年了，身體沒有什麼問題。」有個病人這樣說。

「我的祖母到九十五歲還在吸菸。」另一位病人說。

伊恩沒有針對這些荒謬的說法回應，反而試著以他們的角度來理解事情。

「首先，我認可他們的看法，以及他們為什麼有這種感覺，」伊恩告訴我：「祖母的情形可能很少見，是統計圖表上一個奇怪的點，但是，對當事人來說，她才是真正的參考數據，所以我試著稍微轉移角度，而不是直接切入我的相反觀點。」

撬開牡蠣殼

雖然有些人對更武斷、強硬的做法反應良好，但伊恩知道，當病人的防衛心升起時，正當理由就失效了。

「你必須揣摩他們的心態，了解病人，設法讓他們同意你的觀點。」

他會去尋找細小的開口，就像在撬開牡蠣殼前，要先找到兩片殼之間的弱點。

「要在討論中找到『切入點』。」伊恩解釋：「弄清楚他們對某件事情的真實感受。每個人都有開口或縫隙，你的工作就是要找到它。它不一定會在第一次談話中出現，但如果你有創意並堅持下去，你會找到情緒的開口。」

伊恩根據病人的脾氣，運用過各種技巧，公開透明是很少失敗的方法。例如，在他看來，世上沒有無所不知的萬事通，只要是人都有盲點。無論病患有意還是無意，他們往往會對伊恩的公開透明有所反應，漸漸敞開心扉。他們會更信任他，因為他大方承認自己也不完美，還需要不斷進步。為了建立雙方的信任，伊恩會這樣說：「我的所學不包括這個領域，但你猜怎麼樣？我會專門為你找到答案。」他讓病人覺得他正在與他們一起努力，以改善他們的健康。當他們告訴自己：「好吧，這人不認為自己是完美的。」在他們心目中，雙方地位相等，真正的對話就此展開。

「高高在上地對人訓話，要不助長不滿，要不嚇得他們沉默不語，這樣一來，彼此的交流還沒開始就結束了。因此，你要努力保持平易近人，讓他們覺得你是值得傾訴心聲的人。」

伊恩在《名人健身俱樂部》節目中遇過最棘手的難題，是有位名人「一直狀況外」。她不相信節目設計、不斷推託，消極情緒甚至感染了其他參與者。他想不通，如果她抱持這種心態，當初為什麼會同意上節目？但他沒有用說教或羞辱來嘗試改變她，而是旁敲側擊，盼能釐清這種不良情緒的來源。

他後來終於查明，上節目並不是這位年輕女性自己的主意。她當時雖然有些超重，但尚未造成重大健康後果，這使得她無意檢討飲食習慣和生活方式。她確信自己的體重增加「沒什麼大不了的」。

伊恩經過一番溫和的探究，獲得了充足訊息，也了解她的想法從何而來，並且意識到愛之深責之切的做法會失敗。這不是簡單對她說一句：「嘿，妳需要減掉二十五磅才能達到健康的體重指數。」就好，他必須像出庭律師一樣，用邏輯、事實和數據來說明，以幫助她走上正確的道路。他在時間軸上畫出她幾年來體重增加的情況，並用圖表來展示，如果不改變飲食方式，十年後她會變成什麼樣子。

「根據過去的模式來推算，妳有罹患二型糖尿病、腎臟病和心臟病的風險。」他告訴她。

她不喜歡聽到這種事，但沒什麼好辯解，證據擺在眼前，事實終於讓她卸下心防。她還在消化殘酷的現實時，伊恩提出一個問題，正中她的要害：

「告訴我，如果妳認為這不是問題，為什麼要來這裡？」

她被推到懸崖邊緣，但這不是為了逼她跳下去，而是讓她更深入思考，她想從這次經歷中得到什麼。

「這對她來說是有趣的時刻，她要不承認自己只是為了錢而參加這個節目，如此一來恐怕會傷及形象；要不就承認她想得到幫助。後來，她總算承認想要改善生活，我就是從這個開口下手，成為幫助她找到改善生活方法的人。她的態度出現一百八十度轉變，不但開始喜歡這個健身計畫，最終也看到了成果。」

多年來，伊恩已經成為尋找開口的專家，並因此得以進行建設性衝突。他逐漸意識到，並不是所有與他起衝突的人都會出現完全相同的反應。對有些人來說，問題可能是這樣：「你想活著看到孫子走上台，拿到文憑嗎？」對另一些人來說，這可能是對自尊心的一種呼籲：「你想穿上那件合身的設計師禮服，讓自己外貌出眾，同時感覺美好嗎？」然而，只有對方願意卸下心防，建立人與人之間的連結，對話才會開始。他必須打造一定程度的信任和相互尊重，否則對方不可能承受愛之深責之切的做法。

年度最糟父親

在《酒吧救援》節目中，問題根源幾乎總是來自老闆的某種情緒障礙，有時候也擴及老闆的家人。在小型企業中，夫妻、孩子、父母和兄弟姊妹都參與經營是很常見的情況。而我是那個從外界介入的人，目的是讓他們面對生活上的問題。由於經營夥伴都是打烊後還要一起回家的家人，他們原先對這些問題往往避重就輕。但我們也不能只憑藉強力手段來解決問題或懲罰某人，這是一門藝術。

在田納西州（Tennessee）阿靈頓（Arlington）的「比賽時間運動燒烤」（Game Time Sports Grill），有很多問題需要釐清。第六季的這一集更像是家庭治療，而非專業的酒吧改造。

布萊恩・科克倫（Bryan Cochran）從營造業退休後，一直想開一家運動酒吧，於是便和妻子泰瑞莎（Teresa）將退休金投資在孟菲斯（Memphis）以東約三十英里的地方，當地缺乏酒吧和餐館。起初，顧客絡繹不絕，收入也很穩定。但因為欠缺經驗，這家店變得愈來愈不受歡迎——這種情形非常普遍。

他們售票速度很慢，食物卻不值得等待。廚房又是另一種問題，這可說是我見過最糟糕的廚房之一——準備食物的人沒有戴手套，而且整個地方髒兮兮，食物都暴露在交叉污染的極端風險之下。到處都是黑色黴菌，冰櫃也壞了。衛生部門的稽查員哪怕站在一百碼外，都會立刻關掉這家店。吧台和服務生都已經盡力工作，但他們不堪重負，而且也訓練不足。

布萊恩和泰瑞莎很快就須面對龐大債務。為了避免因破產而失去店面，他們把產業和積累的二十五萬美元債務都登記在成年兒子科迪（Cody）名下。科迪被迫在父母和塔台管制員的夢想之間做出選擇，後來他決定選擇父母並挺身而出，接管這家酒吧——它立刻成為他肩上的重擔。節目拍攝期間，他的第一個孩子即將在六個星期後出生，但損失仍在不斷增加——這家酒吧即將打垮這個三代同堂的家族。

我在每集節目開頭都會做一次祕密偵查。製作團隊會在整個酒吧安裝隱藏式攝影機，我則把車停在酒吧附近隱密之處，和專家們一起即時監控店裡發生的一切。我驚恐地看著醉醺醺的父親坐在吧台前，一邊喝酒，一邊把酒送給女顧客，還不忘責備兒子和員工。泰瑞莎忍無可忍，把他拖到後面，責罵他行為不當，酒吧僅有的一點利潤都被他喝掉了。布萊恩推開她，憤怒地跌跌撞撞回到店裡。

我已經看夠了。誰都不能在我的眼皮底下動手，所以我出手干預，與布萊恩正面對決，質問他為何出現這種行為。我拿出平板電腦播放拍下的畫面，順便說一下，根據我的交戰規則，錄影是非常管用的招數。為了拿出事實證據與某人對質，只要派得上用場的科技手段不妨都用上。盡管用吧，按下手機的錄影、錄音鍵！讓對方沒有否認的機會。

我讓布萊恩無話可說。我警告他，要是在拍攝期間再碰酒瓶，我立刻走人。我也提醒他，眼看長孫就要出生，他卻把重擔加諸在唯一的兒子身上。這個可憐的孩子正在沉淪，爸爸卻坐在酒吧裡，自私地把利潤喝掉，冷眼旁觀科迪和泰瑞莎努力挽救生意。這位堪稱「年度最糟父親」的人試圖為自己辯護，否認我親眼所見的一切，所以我直接掀他的底，明白指出他對孩子做了什麼。除了不尊重科迪，還讓孩子覺得自己總是在收拾爛攤子。

「你的兒子以你這個父親為恥！」我告訴他。

這句話終於正中要害。但是，當爸爸崩潰哭泣，媽媽立刻抱住他。

「別這麼快就抱他，泰瑞莎。讓他好好想想！妳總是縱容他，如果他每次一失敗妳就抱他，他根本不需要改變！」

我要求科迪全權處理店務，把他父親送回家，他立刻照辦。科迪是個聰明能幹的人，但父親不願接受自己不再是老闆，總是在摧毀他的信心。科迪有我所說的「放棄症候群」，他彎腰駝背，不願意說出自己的想法。我希望這位準父親能夠抬頭挺胸、負起責任、堅持原則。在這個父權至上的家庭，這不是容易的事，但科迪必須把妻子和孩子放在第一位。否則他將被迫讓孩子來到債務籠罩的世界，無法提供家人所需要和值得的一切，為了他們著想，也為了自己的未來著想，他必須拿下酒吧經營權。但我深知在將酒吧生意導入正軌之前，科迪和布萊恩必須重修舊好。

第二天，布萊恩清醒而懺悔地現身。機會來了，我打算突破這幾位家人之間的障礙，恢復他們在債務出現前的健康互動。我終於找到布萊恩像混蛋的根本原因——內疚。兒子如今的慘狀是他一手造成的，但他無法面對自己的過錯。他知道他辜負了科迪和自己，於是將所有自我厭惡投射到周圍的人身上，包括妻子。我讓布萊恩認清，他還有機會，可以提供支援，讓全家人走出困境。

我告訴布萊恩和科迪：「我必須解決你們倆的問題。布萊恩，科迪害怕對你敞開心扉。你們的關係已經陷入一種模式，動不動就出現負面交流，很少說正面的話。」

我無意找碴，只是因為看到布萊恩出現轉機，他想力挽狂瀾，而科迪也更願意以開放心態面對生意。

「為了成功，難道你兒子不值得百分之百投入？」我問布萊恩，這次語氣很溫和。

「我保證會協助他，」他告訴我，淚水在眼中打轉：「從現在開始，我就是他的後盾。」

在下一集節目中，布萊恩確實站了出來面對一切。進行壓力測試時，我們邀請一百多名顧客，塞滿了整間店，他們點了非常多的飲料和食物。布萊恩在吧台接單，證明自己自制力極強，沒有碰過一滴酒。雖然仍有很多實務上的難題需要解決，但重修舊好的父子倆把不可能化為可能。布萊恩的支持給了科迪信心，讓身為老闆的他更有指揮權和存在感。

這家店後來改名為「傳承酒吧與燒烤」（Legacy Bar & Grill），以紀念它將繼續傳給下一代，科迪的生意成為孟菲斯郊區時髦富裕的年輕人最愛造訪的夜店。在我最後一次視察時，這家人仍然合作無間。要不是有那場高度策略性的衝突，不可能出現這麼好的結局。

我之所以用火爆的方式介入，是因為布萊恩需要被喚醒，認清他對自己和家人做了什麼。此外，為了避免全家只顧著為他說話而群起對抗我，我採取的做法是僅僅攻擊他的行為，而不是他這個人。我具體指出他的所作所為如何損害酒吧生意、他和家人的關係以及孫子的未來。當我已經看到他眼中真誠的悔意，聽到他說決心要做得更好，這時再繼續炮轟他也就沒有意義了。我從尊重自己和對家庭的愛兩個基本面著手，先把他擊敗，接著就能幫助他重新站起來。

一旦獲得他的信任，一切便開始改變。對布萊恩來說，我不再懷著令人害怕的意圖出現，我不再是威脅，而是盟友。現在我可以讓他融入改造酒吧工程——他終於可以開始解決問題，而不是製造問題。透過策略性衝突，我幫助他與兒子重修舊好，教他以最好的方式站出來支持他。但我必須平衡做法，善加運用衝突規則，確保布萊恩覺得自己是共同承擔風險的人，而不是在家人和前員工面前被責罵、貶低或受支配的人。

再說一遍

如何管理衝突以保持流暢溝通及更有建設性的交流，這件事有一整套科學依據。達特茅斯學院的太空醫學創新實驗室開發了一種做法，原理源自以下現象：我們常按自己的意思去理解別人說的話，進而誤解了對方的意圖。於是一些觸發因素便會導致一連串誤解、憤怒和怨恨，使得交流完全脫離軌道。

「人們可能會在毫無意圖的情況下冒犯到他人。」你曾在第一章讀過的傑．巴克伊博士如此解釋：「同一組事實可以有許多不同解釋，正因如此，我們必須牢記，**人是多麼容易誤解別人的言行**。」

巴克伊博士率領達特茅斯學院的團隊，開發自導式「戰勝衝突」（PATH）計畫，教人們管理衝突，並識別失控的關鍵點。[*4] 其要點如下——當一場爭論逐漸白熱化，而你並不確定為何會如此，此時要立刻踩剎車。人們往往不是客觀地回應別人說的話，而是在回應自己所附加的意義。與其做出反應，不如花一分鐘，向對方複述他說的話，試著理解對方真正的意思。

「所以，你剛才說到X、Y、Z，你是指A、B、C嗎？」

戰勝衝突計畫重現一對太空人在太空中核對檢查表的緊張關係。我們可以舉個更常見的現實世界例子。

當有個同事對你說：「會議室一團糟。」你可能會以為這個事實陳述意味著她覺得你很邋遢，於是你開始生氣，認為同事在批評你，對你進行負面攻擊。但是，如果你花一分鐘，冷靜地把這句話對她重說一遍，確保你正確理解她的意思，而且她也覺得你聽進去了，這樣一來就會免除很多痛苦。

「妳剛才說會議室一團糟，我認為妳的意思是我沒有好好整理這個地方。」也許這確實是她要表達的意思，但也有可能她只是隨口說出看到的景象。你重複她所說的話給了她澄清的機會，如此一來就可以緩和衝突，而不至於為了這句話離題爭吵。雙方的交流可能仍然會變得激烈，但至少你會排除不必要的誤會，把注意力集中在真正的爭論點上。

在接下來的章節中，我還會提供更多衝突技巧，這裡就先說明一條黃金法則：**永遠不要忘記對手也是人。**當你尊重別人，為他們保留尊嚴，就更有機會讓他們接受你要說的話。

請在這個大框架內仔細評估衝突的對象和環境。如果是在職場上意見分歧，你第二天還得面對同樣的人，你可能會希望局面不要太過激烈；若是與朋友、熟人或鄰居發生衝突，你則可能會有不同考量。如果你願意接受某種程度的後果，不妨就選擇攤牌。對你來說，如果比較重要的是對面鄰居管好他的寵物狗，不讓牠再過來你家草坪撒尿，大不了就是以後烤肉聚會不再邀請他們參加而已。

如果是家庭成員之間的衝突，請慎重考慮伊恩博士的至理名言：「面對所愛之人，你應該更樂意參與衝突，尤其是家人。但要隨時注意情況，以釐清衝突方向是正確還是錯誤，再大的衝突都不值得失去彼此之間的關係。」

在下一次感恩節聚會上，請仔細想想這一點。

塔弗工具包重點整理

❶ **表現出同理心。**高高在上數落別人，要不激起對方反感，要不嚇得對方沉默不語，如此一來彼此的交流尚未開始就已結束。

❷ **找到「切入點」。**無論討論什麼主題，都要搞清楚來龍去脈，並去了解與你發生衝突的人。

❸ **再說一遍。**同一組事實可以有許多不同解釋，正因如此，我們必須牢記，人是多麼容易誤解別人的言行。

❹ **評估衝突的對象和環境。**如果是職場上意見分歧，你第二天還得面對同樣的人，那就別讓局面太過激烈。

❺ **研究一些機構提供的交戰規則。**例如「說話原則」（The Principles of Discourse），這是麻州（Massachusetts）阿默斯特（Amherst）漢普郡學院（Hampshire College）前任校長在畢業典禮演講中提出的方案，經該校長期運用，為學生和教職員提供了以尊重方式處理意見分歧的辦法。

❻ **衝突不一定是為了贏。**如果你只在乎吵贏對方，出發點就不對了。真正的勝利可以是種下一粒芥子種子一般的小事。給他們新的想法去思考，然後靜靜等待它發芽並成長。

❼ **永遠不要忘記對手也是人。**當你尊重別人，為他們保留尊嚴，就更有機會讓他們接受你要說的話。這是我的黃金法則。

05

做好功課

DO YOUR HOMEWORK

即使你不能控制衝突發生的時間，
也知道它遲早會來，所以先做好準備。
Even when you can’t control the timing of a confrontation,
you know it’s coming. So be prepared.

我知道自己是個大嗓門。我對別人很大聲，與他們正面對決，屬於有話直說的個性……。**塔弗真令人討厭**。如果你看過我在《酒吧救援》的表現，你可能會同意這個說法。不過，你所看到的不一定就是你所想的情形。唯有在經過詳細調查之後，我才會與酒吧老闆或失和的夫婦發生衝突。我派出臥底團隊暗中考察，以便研究報名參加節目的人和他們正在上演的戲碼。我總把車小心地停在外面，親自坐在車裡，透過放置在店裡各處的攝影機回傳的即時影像，觀察他們如何做生意或相處，以便用自己的眼睛評估狀況。我會等到掌握所有事實才開始行動。相信我，畫面上的我**看起來**可能非常氣憤，但我（在別人看來）的暴怒**一直以來**都是一種手段。

根據未經測試或證實的假設採取行動，保證會造成無濟於事的衝突。在展開一場可能會變激烈的討論之前，務必要先了解情況，尤其是那些你還不清楚的部分。

請想像一下你是名朝九晚五的上班族，每天早起趕火車，睡眠不足導致你頭昏眼花，但你有什麼選擇？就算順利，通勤時間也至少要一個小時。工作到了下午，你已昏昏欲睡，但你喝著走味的咖啡，繼續撐下去，盡力保持清醒和工作效率，直到打卡下班，再度熬過可怕的通勤，然後回家。因此，同事每天提早五分鐘離開這件事令你抓狂；這種習慣性早退成了讓你火大的引爆點，早上你甚至無法勉強自己跟對方道早安。你們的隔間氣氛冰冷，雖然你不願意當一個告密的傢伙，但你還是打算要去跟老闆告狀——如此一來就能解決這位「每天早退先生」的問題。

有一天，妻子順路載你上班，並且提前把你送到公司。你正往自己的隔間走去，忽然發現同事坐在位子上，看起來全心投入工作，他的一天顯然在你到達之前就已開始。你不假思索地說：「你怎麼會這麼早？」同事回答：「自從公車換了時刻表，我就不得不提前離開，所以都提早上班。你沒有注意到嗎？主管也同意了。」呃，沒有，你真的沒注意到。你認為的「衝突」是來自你搞不清楚情況，現在它忽然煙消雲散——誰才是混蛋？

請花一點或更長時間來評估，你認為自己知道多少，以及衝突節節升高的原因，以確定它們是真正基於事實而非假設，如此一來將能避免傷害。花點時間把事情查清楚，確保你已透過以下方式蒐集所有必要事實和證據——

- 確認訊息準確且完整，好好調查！
- 只採用與衝突有關的訊息——什麼都拿來用不會有幫助。
- 想像自己是爭執的另一方，你會採用什麼訊息，用這個方式確定你的調查目標，然後蒐集足夠的證據來得分！

- 當對手喋喋不休地提到統計數據，不要被嚇倒。尤吉・貝拉（Yogi Berra）[1]曾說：「只要盡情玩弄數字，它們可以告訴你任何事。」如果你不知道這些數據的來源，或者它們是否屬實，不要因此而分心，只須將討論導回你知道的可靠訊息即可。
- 再次檢查。沒有什麼比簡單的事實查核更能讓爭論盡早結束。再強調一次，務必確認你知道的是正確事實。

1 譯註：本名勞倫斯・彼得・貝拉（Lawrence Peter Berra），一九二五～二〇一五。曾在美國職棒大聯盟擔任捕手、教練與球隊經理，職業生涯期間大多效力洋基隊，曾三度榮獲最有價值球員。

發狂老人

前述提到的每一項要訣，物業經理凱蒂．烏爾貝（Ketty Urbay）都做到了。

身為龐大喧鬧的古巴裔美國家庭之長女，她在家人每一次衝突中擔當和事佬。由於父母經常爭吵，凱蒂從小就認為自己有責任解決每個人的問題，舉凡父母不幸的婚姻、兄弟姊妹間的爭執，以及同學間的衝突，全都包括在內。這麼看來，她長大後在南佛羅里達（South Florida）成立物業管理公司也就不足為奇了，對她來說，爭論不休的管委會會議只是又一個日常。

「這些會議可能會變得很瘋狂。」凱蒂與我分享：「大樓就像企業，有預算和複雜的管理規定，幾乎沒有什麼基礎設施能幫助管委會成員運作。這群志願者總以為他們知道自己在做什麼，但其實這對他們來說像在玩大富翁。每個人都很自我，又缺乏經驗，足以製造大混亂。」

其中一場混亂發生在邁阿密郊區已有五十五年歷史的大型社區，此處正在進行翻修，以符合市府的二次鑑定。這件事充滿爭議，以致兩百名屋主中至少五十人與會，擠滿交誼廳，其中大多數是八十歲以上的老人。凱蒂的夥伴在場內請大家簽到，一位名叫艾格尼絲（Agnes）的老太太簽完名後拒絕交還寫字板。艾格尼絲身材瘦小，最多不超過四十五公斤，但她死都不願鬆手。有人試圖扳開她的手，她便尖叫起來。會議還沒開始，一切都亂了套，其他屋主以為艾格尼絲受到攻擊，紛紛撲過去。一位足足有一百九十公分高的八十多歲老人，舉起木製手杖朝凱蒂和團隊揮舞。場面嚴重失控，她不得不打電話報警。

「我當時嚇壞了，但事後想想又覺得怪有趣的，就像《發狂老人》（*Seniors Gone Wild*）節目一樣。」凱蒂打趣地說。一位小老太太甚至躺在地上，雙手和雙腿交疊，然後告訴警察：「來吧，逮捕我！監獄會比這個鬼地方好！」

即便發生過這麼嚴重的衝突，凱蒂仍為這群客戶服務了八年，幫助他們解決建築以及各方面問題。根據經驗，無論這些管委會有多瘋狂，只要她充分蒐集訊息，鑽研每一個可能的角度和資料，她就會勝利。不管主委拋出什麼議題，她幾乎都見過或聽說過，無論是屋頂裝修工程招標，還是競爭激烈的管委會選舉，或者催繳拖欠數月的維修費，全都難不倒她。

「我投入大量時間撰寫報告，對細節非常講究，因為我把這一切當成自己的錢、自己的家，還有自己的大樓。我提出很多問題，從每個角度查驗。我親自閱讀每封電子郵件，了解前後數據，所以我從來沒有出過糗或措手不及。」

然而，多年下來，凱蒂逐漸意識到，為這些衝突做好準備，不是只有了解事實這麼簡單。她心力交瘁，對衝突的反應變得情緒化，以致處境更加艱難。她把糟糕的會議後遺症帶回家，每當屋主寄來討厭的電子郵件，數落那些她無法左右的事情，她就會失眠。她一次又一次遇到同類型的人和問題，「就像一直在和同一個男生約會，需要破除這種不健康的模式。」於是，她開始與治療師進行更多「內在療癒」，治療師幫助她認清，她選擇的職業與童年的關係。

「一生都在試圖解決別人的問題，對一個人來說真的很難。」凱蒂解釋道：「我不知道我的問題何時結束，別人的問題又會何時開始；我對衝突投注的心力已經超過應有的程度，再微不足道的小事我都放在心裡。就算某種情況早就存在，不是我造成的，我也會覺得問題出在自己身上。」

她沒有劃清界限，為了迅速解決別人的問題，她甚至對自己強力施壓。然而情緒上的傷害開始影響她的能力，導致她看不到更好的解決方案。她擁有為客戶解決大多數問題的專業知識，

「但我的戒心變得很重。」凱蒂回憶道：「我陷入一種窘境——看不到別人的觀點，因為我相信自己已經看到並知道一切。也許那是真的，但我不允許新想法或新觀點出現在台面上。」

這個頓悟終於改變她的做法，她開始以建設性方式處理衝突。她繼續面對自己的課題，在跟好鬥的屋主、閃躲的承包商或難纏的地區官員打交道之前，她會先問問自己一些重要問題。如果專案遇到問題，她會問自己，問題是在什麼時間點上變成衝突的？她深入研究，找出造成衝突的潛在問題——這正是需要去了解的關鍵細節，很多時候連屋主自己都不知道。

「問題在於承包商嗎？還是我的員工？我又如何成為了問題的一部分？我要如何**不是**問題的一部分？」

在了解背景的同時保持客觀，使得凱蒂面對憤怒的屋主時，能夠控制雙方的衝突過程。她讓他們先發言，允許他們發洩，然後提出她的選項和解決方案。當對手帶著錯誤假設衝進會議室，提供明確訊息往往能平息大多數衝突，但不一定每次都奏效。當有人指控她不夠正直誠信——「妳在拿回扣」、「妳根本不在意，因為妳不是這裡的住戶」或「妳在幫某某做假帳」，她會冷靜傾聽，然後提出關鍵問題來回應：

「所以，你真要這麼說？」、「你要指控我哪一點？」或「你能不能說明是從哪裡得到這個訊息的？」

這些問題通常足以安撫指控者。如果還是不行，她會拿出嚴謹的工作紀錄，包括財務報告和收到的每一封相關電子郵件與信件，這些全都井井有條地保存在專案管理資料庫中。（再次強調，不要猶豫，馬上運用科技做為解決衝突的工具。）這並不代表凱蒂準備好拿訊息打他們的臉，而是因為「人們往往出於某種原因認為自己可以否認事實」。準確並詳細地保存來往證據，可以有效阻止陷入破壞性對話與浪費時間的困境。

如果衝突仍然無法解決，她也明白自己已盡全力阻止衝突升級，她會坦然接受自己沒有辦法再做或說什麼，只要求對方與她的律師連絡。然而，凱蒂從來不會讓衝突激化到憤怒或怨恨的地步，至少她自己是如此。當她參與討論，無論過程多麼火爆，她都能理解客戶內心其實無比脆弱。衝突出現時，意味著他們的家發生問題；許多人只有一份死薪水，對維修費用很敏感。「還有一些人就是在發神經而已。」

如今，她已經可以輕鬆看待一些荒謬的衝突，甚至覺得挺好笑的。比如有一次，她的公司把花園公寓裡一些水龍頭鎖住，於是許多屋主都對她寄出仇恨電子郵件。他們已經習慣使用這些公共水資源來澆灌自己的花園，但此舉引發供水問題。「可是，你看到那些信，會以為我們殺了他們的長孫！」

凱蒂不再懼怕衝突。她已認清，自己不可能讓所有人滿意。但她盡力解決問題，知道自己是出於正確的理由做正確的事，並降低衝突再次發生的機率。這也有助她夜裡安心入眠。

現在，凱蒂將這些衝突視為機會。

「人們不喜歡衝突，因為在他們看來那是一種對立，但我的看法不同。儘管有時會變得有點混亂，但我認為它是解決問題的方法。」

衝突來得正是時候！

快速評估

當你為衝突做準備時，不一定要像凱蒂那樣深入。但不管你是要當場摸索對方心思，還是提前偷偷蒐集訊息都好，總之不可在毫無準備下貿然投入衝突。即使情況來得猝不及防，也沒有藉口不對你的對手進行快速評估，或在交戰前弄清楚條件。提出一些聰明的問題、找熟知情況的人快速交談，都可以獲取很多訊息。如果你知道要找什麼，去網路上搜尋也可以。然後，當情況允許時，花點時間理清思路，集中注意力。

不過，我在拍攝《酒吧救援》時，會故意不預先研究，因為我不想讓任何訊息影響我充分開放的思路，或導致我片面認定誰是英雄、誰是反派。

第一天，我只容許自己聽取六十秒簡報，接著便坐在車內進行祕密勘查。一旦進入拍攝環節，我就會以資料為依據，用自己的眼睛觀察所有人的動態和店家所面臨的挑戰。

第二天，我進入現場開始挽救生意。保安人員會過來接送，根據交通情況，車程可能需要一小時或更長時間，途中他們不得說話或收聽廣播節目。我並不是對人冷漠，而是在為自己做好準備。我在盤算與我會面的人可能會說的話，以及我可能對他們說的話，就像在西洋棋大師賽前預先策劃布局。我考量的層面包括對方的個性、面臨的問題、店內環境，以及任何可能影響對方接受我意見的因素。我跟他們的互動在畫面上看來就像自然而然發生的，但其實並非如此，我早在碰面前便做過沙盤推演。當然，我從來沒有預先寫好劇本。但由於事前準備工作相當完善，我極少會走進全然陌生的環境。

我對任何商業會議都採取同樣做法。我通常會提前二十分鐘出門，給自己四十分鐘到一小時，徹底清除雜念並思考接下來的互動。如果我知道免不了會和碰面的人起衝突，那麼可以打包票，我一定會做好準備。即使衝突不在那場特定會議中出現，我也會在腦中列出所有得分機會。除非你深思熟慮、從容應對，否則成功不會到來。

事先做足準備，這是任何重要交流不可或缺的要素——無論這次交流會不會演變為衝突。當年我與妻子妮可（Nicole）初識時，自從認定她是真命天女，我便開始刻意安排自己的穿著與言行。我會計畫好要帶她去哪些餐廳，看哪些演出。我還會特別注意她的好惡，並根據我對她的了解，嘗試揣摩她的喜好。我基本上就是在向她推銷自己。不要誤會，我們的關係是自然而然形成，但它也是刻意努力的結果。

勝算總是掌握在準備好的人手中。早在你還沒有踏進衝突擂台之前，就已經可以先取得優勢，並在一開始領先對手——因為大多數人不會想到要事先進行這些準備工作。做好你該做的功課，你將提前進入狀態。

當你思考冠軍拳擊手如何為比賽做準備，可能會認為他們採取整組配套措施，包括：飲食計畫、越野長跑訓練，或者練習打擊手靶、重沙包、雙頭球，以及實地演練。你想得沒錯。他們磨練技能，加強左勾拳和右勾拳，並竭盡所能讓身體狀況達到巔峰。但他們同時也會在心理上做好準備，首要鑽研對方底細，以確認自己面對的是何種類型的對手。拳擊手要是沒有摸清對方的閃躲、迂迴戰術和反攻模式，絕不會輕易踏上擂台。他們還會整理情緒，透過自我對話來建立信心和提高注意力。他們發展出敏銳的戰術意識，專注於步法，並伺機反攻，根據賽事的走向，他們可以在幾秒內改變目標和計畫。

演員吉米・史密茲（Jimmy Smits）在電影《光榮代價》（*Price of Glory*）中扮演拳擊手阿圖羅・奧爾特加（Arturo Ortega），他在準備這個角色時研究了這項運動的心理學，並提出最精闢的見解，完美總結了與人交流的基本原理，以及如何為任何種類的衝突做最好的準備：

「說到底，與其說是體能訓練，不如說是心理準備：拳擊是一盤棋局，你必須技巧純熟並經過大量訓練，才會知道在任何情況與那個時刻當下，你有多少種不同反攻的方式。」

世界拳擊組織（World Boxing Organization）女子組蠅量級常勝軍尼古拉・亞當斯（Nicola Adams）也將這項血腥運動比喻為下西洋棋，她表示：「你誘使對手犯錯，這樣就可以利用它。人們認為你上擂台就會暴怒，但這其實與攻擊無關，你要善用戰術才能避免被擊倒。」

你必須保持思路靈活，才能敏捷應付所有拳頭和重擊，在擂台上獲得優勢，或者像佛洛伊德・梅威瑟（Floyd Mayweather）說的：「其他拳擊手可以有心，可以打得更狠，也可以比我強壯，但沒有一個比我聰明。」

建設性衝突無論採取何種形式都結合了激情、精力、勇氣和信念，但若沒有透過真正了解問題來培養靈活的思路，你將無法打出致勝的一拳。職業運動幾乎都要進行賽前深入研究。網球選手和教練會觀看自己或未來對手的比賽錄影，以此做為訓練基礎。他們還會運用人工智慧來追蹤球的軌跡，以預測對手的下一步行動。

當今職業運動仰賴著各種科技。運動員穿著「智慧服裝」，裡面的感測器可以檢測並向教練或訓練員傳遞即時資料。三度空間動態捕捉技術可以對動作計時並定位。這種可穿戴技術能夠即時測量任何數據，包括：心率、溫度、缺水程度和體力消耗。即時指標告訴他們何時應該休息、伸展或加強訓練。效能、數據和影片分析軟體也有助於改善決策，不僅基於足球、籃球、棒球或曲棍球選手的個人表現，也會以對手的優點和弱點來分析。在運動員投入競賽前，這些科技讓他們將準備作業提升到全新水準。

只要我們能準確研究對手，進行有益且詳細的分析，即使缺乏上述尖端、精細的準備工具，也阻止不了我們踏進自己的競技場。想想那些成功的律師和檢察官吧！他們皆是用自己的方式進行預測性分析，而不依賴道聽途說和假設；他們蒐集資料和證據並實地測試。他們在考慮踏進法庭之前，已經對客戶和證人詳細盤問，為的是找出並解決其弱點。如果你真的關心交流的成果，就會明智地採取相同做法。

法庭秩序

一旦你做好充足準備，就不需要在衝突中靠著盛氣凌人佔上風。邁阿密律師理查・巴茲（Richard Bartz）並非百分之百的衝突型作風。在法庭或調解會外，他說話溫和、恭敬，而且善於交涉。事實上，他討厭衝突——至少是針對這個詞包含的破壞性。但是，他的準備方式使他成為無往不利的離婚官司高手。他是可怕的對手，因為他總是耗費大量時間研究判決先例，並蒐集證據。這使他有信心為客戶冷靜辯護，無論案件多麼複雜或多有爭議。

「制定遊戲計畫，處理對方不知道的機密訊息，這便是優秀律師的做法。」巴茲解釋：「如果你搞清楚可能會得到什麼結果，就會準備得更充分，也就更有可能獲得最佳結果。」

巴茲花很多時間站在主審法官的角度思考，想像這個人在有證據的情況下可能會說什麼，並研究佛羅里達州同等或更高法院做出的最新決定。他還將客戶當做深入研究的對象，根據經驗，客戶嘴上想要的，可能不是他們真正想要的。他也嘗試了解對造的心態，以便在他們的律師提出論點之前取得先機。他模擬多種情況，試圖提出法律論據，並尋找駁斥對方可能說法的證據。

這種程度的準備工作可能需要八十小時或更長時間，但巴茲不一定會向客戶收取這方面費用。在多方發掘中進行深入研究，是他的工作樂趣。「就像把拼圖拼起來一樣」，有些客戶的財產和投資遍布全球或隱藏在複雜的企業結構中，他會一頭栽進銀行對帳單、信用卡和資產清單中，盡可能幫他們一一找出來。他一方面釐清何謂公平分割婚姻資產，另一方面也權衡對夫妻雙方來說什麼才是最重要的。有時候讓另一方獲勝，雙方會更樂意接受最終和解方案，這麼做反而有益。

「每個人都有比財產更看重的東西，你必須弄清楚那是什麼。我的工作便是去稍微探究，認清他們所看重的事物，哪些基於純粹的情感，哪些來自理性的思維。然後我把它們帶進現實，解釋各種選擇和後果，同時接受一項事實——不管最終結果如何，都是客戶自己的決定。」

巴茲的終極目標是快速、公平的解決方案，而不是只為了獲勝。

「很多律師都很有動力去戰鬥並獲勝，但當你採取這種做法，而對造律師也如此，你終究會陷入負面反應的輪迴。當然，若有人不講理，我會蒐集證據並嚴懲對方。然而，要是那些證明對方錯誤的法律和判例，讓你離和解愈來愈遠，就沒有什麼好處了。」

巴茲願意在調解會議上讓步，但他不會屈服於對方的過分要求，這個做法使他聲名大噪。

當離婚官司在法庭上糾纏數月甚至數年，成了討厭的「玫瑰戰爭」——與建設性衝突完全相反——可能會因為耗時而帶來大量收入，但巴茲更喜歡快刀斬亂麻，只要他徹底研究過案件，就有機會速戰速決。

他解釋：「愈是憤怒、衝突愈多，結果就愈糟糕，破壞關係的可能性也就愈大。」他盡量避免接下只想拿最多贍養費並互相傷害的案件，那些衝突可能會在日後才趨於白熱化。曠日費時的離婚官司只會讓夫妻更加疏遠，他們永遠無法直視對方，即使談妥共同監護權，也無法決定接送孩子的時間和地點。最痛苦的往往是無辜的兒女。

巴茲的案子若是藏有這類風險，面對法官時他都會覺得胃部打結。準備不足、咄咄逼人或情緒化的對造律師也會對職業和聲譽造成不良影響。主審法官雖然公正，但對某些事過於強硬或在某個點上不願意讓步，都可能會對客戶不利。他與法律體系成員和其他從業人員的關係也是一場漫長的競賽，這可能會影響他的聲譽，並對現在和未來的案件產生漣漪效應。正因如此，每當雙方交流過於激烈時，巴茲會選擇稍微退讓。

「衝突的步調很快，可能在短時間內就失控，這很可怕，因為你說出去的話都會被記錄下來。」巴茲解釋：「你絕對不會想說一些會損害自己或客戶的話，所以在思考和制定策略時，什麼都不要說。保持冷靜的頭腦並與事實連結，有助於你做出恰當反應。相反地，一旦你陷入腎上腺素爆發狀態，你就會失去批判性思考的能力。」

巴茲在聽證會前一天特別緊張，因為聽證會往往很忙、時間緊湊，要盡力記住一堆法務審計資料。但是，再次強調——妥善準備總是在緊要關頭得到回報，當步調終於慢下來，藏在厚厚卷宗裡的答案就會像變魔術一樣出現在他面前。

巴茲跨進衝突擂台時，因為緊緊抓住客戶的最佳利益，使他保持頭腦清醒。那些人往往是最複雜案件中的弱勢群體——他特別熱衷於守護出生權和親權，例如：一位同性戀婚姻中負責操持家務的非親生母親，她的經濟支持和身為母親的權利受到威脅；或者有位親生父親，因為長時間工作迫使他錯過幾次產前檢查，讓他被不公平地賦予惡質形象，並危及到他未來與孩子相處的權利。巴茲也一直為移民的法律問題效力，他便曾確保一位因同性戀身分遭到祖國監禁並刑求的年輕男同志，不會被遣返。

「這就是法律強大之處，」巴茲說：「所有準備最終都將在這裡得到回報——某人得以參與孩子的生活，或能如願留在他們拚盡一切只求歸化的國家。」只有在你準備完善的情況下，才能迎來勝利的果實。

塔弗工具包重點整理

❶ **不要假設。**在展開一場可能會變得激烈的討論之前，務必先了解情況，尤其是那些你還不清楚的部分。

❷ **專心研究。**想像自己是爭執的另一方，你會採用什麼訊息？然後蒐集足夠的證據來得分！

❸ **把話題導回你知道的事情上。**如果你不知道一組統計資料或「事實」的來源，或者它們是否屬實，那就不要被影響。

❹ **深入思考衝突的根源。**問自己一些重要問題，以了解問題根源、重要時間點，以及你在愈來愈激烈的衝突中扮演什麼角色（如果有的話）。要有自覺。

❺ **讓他們先說話，讓他們發洩。**這有助於降溫、獲得更多訊息，並讓自己有更多時間思考答案或解決方案。

❻ **了解背景。**準確並詳細地了解事情的來龍去脈，可以有效阻止陷入破壞性對話與浪費時間的困境中。

❼ **快速偵察。**提出一些聰明的問題，或找熟知情況的人快速交談，都可以讓你獲取很多訊息。如果你知道要找什麼，去網路上搜尋也行。然後，當情況允許時，花點時間理清思路，集中注意力。

❽ **提前出擊。**如果你提前半小時左右前往約好的地點，將會有更多時間思考即將面臨的互動。把所有想要提出的重點記在腦海中，就像一份隱形清單，以確保沒有遺漏。

06

吼還是不吼

TO YELL OR NOT TO YELL

計算何時投入衝突，制定策略以善用激情。

Calculate when to go there. Leverage your passion with strategy.

「傑克消防隊」（Jack's Fire Department）是位於紐約皇后區（Queens）的酒吧，由三個愛爾蘭兄弟擁有與經營，他們也是紐約消防局成員。店裡的生意一落千丈，布萊恩（Brian）、吉米（Jimmy）和約翰．麥高恩（John Mc-Gowan）從父親手上繼承了這家酒吧，但他們永遠為了開店而爭吵，而且還犯下一堆新手錯誤。我不得不狠狠教訓他們，然而三人當中至少有一位——也就是吉米，對我的建議不以為然。

吉米是個酒鬼，喜歡找人吵架。沒錯，他是許多問題的根源，常因自己的暴躁脾氣失去控制——這種負能量可不能帶進營業場所或生活當中。我照慣例進行試營運，讓酒吧擠滿饑渴的人群，以便正確診斷經營方面的挑戰，但情況並不順利，吉米在鏡頭前出現脫序行為。他招惹妻子和女員工，對兄弟也不尊重。我已經受夠了。

要引起這種暴躁的人注意，唯一的辦法就是大聲說話。我像公牛一樣衝上前。吉米是個肌肉發達的大塊頭，我知道，他可以隨心所欲地撂倒我。但我已經先發制人，離他的臉只有幾吋；我們一邊大吼大叫，一邊向對方吐口水。看得出來他想打我，但我佔了上風，因為我知道事情會如何發展。他的瞳孔放大，就像一隻準備撲過來的貓，於是我湊過去，抓住他的手腕，憐惜地捏了幾下，他的瞳孔立刻縮小。這個暴怒的人退到一邊，開始踱步。

「你自己做不好，就罵妻子出氣，你還喝酒！」我告訴他，然後發出最後一記攻擊：「你之所以失敗，是因為你是個混蛋！」

然後我對他的兄弟說：「現在不是他走就是我走。」

他們及時把他趕出去，但吉米還沒完。他又從後門進來，走到吧台後面，把一口威士忌吐在兄弟臉上（他們都已是四十好幾的中年人了），然後再度走出去。這一夜就這樣毀了，布萊恩和約翰請客人離開並打烊。第二天，我和吉米的兄弟陪著他坐下來，糾正他的錯誤。昨夜的激烈衝突讓他如大夢初醒，在清醒的白天，他更願意傾聽。

衝突升溫要算準時機、選好地點。討論若是愈來愈激烈，逐漸白熱化，你可以選擇：要讓局面上升到大吼大叫的程度，還是平息紛爭。在正面積極、建設性的衝突中，上述任何一個決定都合適，但必須是出自你的選擇。你，也只有你，可以衡量情況，決定是否發揮激情，以及要發揮到什麼程度。

有一些技巧可以幫助強化你在衝突中的聲音和肢體語言：

- **觀察瞳孔。**當瞳孔變小，對手的情緒和反應都比較平和，也比較有可能聽進去你要說的話。
- **察看其餘的肢體語言。**如果他們雙臂交疊地站著，意味著神經緊繃，拒絕面對。怒氣升高的臉部跡象包括咬緊牙關、眉頭緊皺、皮膚發紅和強烈的目光接觸。

- **重啟交流。**當對手試圖築起心防，我會壓低聲音，靠過去，按一下他們的手或肩膀，讓他們放下手臂並解除緊繃狀態，然後我再出招。把這當做一場拳擊比賽。

再次強調，重點在於**善用情緒策略**。請想一想人們都是如何心平氣和怒氣沖天的。語言充滿各種表達方式，我們往往不假思索地使用——這些隨口說出的話語其實蘊藏豐富含意。我們提及憤怒時也是如此。我們描述被激怒的感覺時，經常使用視覺受損的形容方式，比如：「我氣到眼前一片紅」、「我陷入盲目的憤怒」、「他害我氣得什麼都看不清了。」這些比喻傳達著深刻的真理，你在為衝突做準備時應該牢記在心。如果你任由情緒支配理智，那麼不管事前做了多少功課或成本效益分析都沒有用，**純粹由情緒驅動的衝突註定失敗**。

情緒的主人

有個秘密要跟你分享。當我在節目上，把劣質雞尾酒和難以下嚥的整盤食物砸到地上、用最高音量吼出酒吧所有問題時，其實當下完全沒有生氣。一旦拍攝完畢，我總會在走出酒吧，經過製作團隊身邊時，習慣性地轉身對他們眨眼。我的激情是真實的，當下的心意真誠無比，因為我在乎出手挽救的這門生意；但我也精準掌握著提高音量的時機。我充分控制、收放自如，吼叫只是整體策略的一部分。

雖然很罕見，但只要我沒有控管情緒，展現出真正的憤怒，我就會付出代價。這種情況難免會發生，畢竟大家都是凡人。儘管回顧那些罕見的情況，我依然不會改變做法，因為我骨子裡就是要保護所愛的人，但是，當我從公親變成事主，表現得太過情緒化，衝突便會讓局面變得比開始時更糟。因此，可能的話，首先要避免陷入這種境地。

激情與憤怒

當激情被憤怒取代，對手將會緊追你的怒氣不放，因為他們發現激將法已經奏效。就像律師盤問對造證人時，會為了獲勝而操縱局面，故意不斷挑釁你一樣——他們意識到，你的情緒已經使你理智線斷裂，思路不再清晰。但你也可以發現這個情況並強迫自己冷靜下來，以免問題升級為衝突。這確實是你該採取的必要措施，不過它也並不意味著當你投入衝突時，情緒——即便非常強烈——都沒有重要作用。它們還是相當管用。

激情和憤怒之間有微妙的區隔。憤怒對正面衝突沒有效益，因為它會減少溝通，產生更大阻力，促使對手得寸進尺。憤怒情緒是正面衝突的敵人，最終只會得到混亂局面，而不是解決問題。另一方面，激情具有說服力，可以讓人正面交流。

為了區別二者，不妨想像大腦有一副儀錶，用綠色和紅色來表示情緒與交流的關係。當儀錶開始亮紅燈，意味著對方已經不再聽你說話，更不用說認同你的看法——也就是說，你已經完全失去對方。

如果你不希望對方就此關閉溝通管道，你必須緩和語氣或說一些正面的話，把他們拉回綠燈區。我把這稱為**「衝突儀錶」**，它允許我根據自己希望達到的衝突目的，在每個區域中進進出出，確保每一方都參與其中。

我從小就學會如何駕馭他人的反應。我的母親患有一種未經診斷的疾病，導致她的脾氣往往一觸即發。那個時代的人忌諱談論精神病，也很少尋求治療，因為心理健康問題普遍被污名化，我母親也因此沒有求診。

根據我的猜測，她應該患有某種躁鬱症，她的怒氣已經到了精神病的程度，最微不足道的事都能讓她陷入自虐的憤怒之中。她身材高䠷、美貌出眾，是全職的走秀模特兒。而她的性格過分符合外貌——就像長了紅髮的鞭炮，隨時都會爆炸，但她的爆炸聲大得多。在公開場合很丟臉，私下則非常可怕。

我十三歲那年，母親因為我的言行而大發雷霆，拿我的爵士鼓用力打我，打斷了我的胳臂。這是個重要教訓，我把這件事歸咎於自己的錯，因為我明明知道該如何應付她。房間凌亂、成績不好、不小心打破東西，或者其他更小的事，都足以激怒她並令我受傷。所以我早已明白，只要在任何時間點激怒她，那一整天我都不會有好日子過。從我會爬行開始，就一直遭受著母親的憤怒對待，也曾目睹她和繼父發生破壞性衝突，他們的爭執經常變成大吼大叫，而且伴隨肢體暴力。我從小便本能地養成了應對技巧，但那次我沒有好好運用，導致情況失控，最後手被打斷。

身為孩子，我密切觀察母親的情緒波動以掌控自己的處境。我變得非常敏感，尤其是解讀她的反應以及她如何理解別人（特別是我）所說的話。八歲時，我已經可以根據表情、語氣、姿勢來解讀她的情緒……為了自己的福祉著想，我必須注意這些線索。我也懂得適時用笑話或犯傻的表情把她從沮喪或失望轉移到快樂或歡笑。

透過行動操縱她的情緒，對我自己的快樂有決定性影響。我常常裝可愛，其他家人會想看我裝傻搞笑，而母親被逗樂後，就比較不會打我。最後，我學會把她的地雷轉為我的優勢。我可以一邊說話一邊點頭，將話題轉到不同方向，以潛移默化的技巧讓她同意我的觀點。我只需要看她有無交疊雙臂，就知道她是否接受，然後我會吸收、消化這些觀察結果並順勢調整。

我成了轉移話題的高手。如果大家都坐在餐桌旁，當母親質問我為何沒去希伯來語學校時，我會立刻坐直，對妹妹說一些話，以轉移話題。我沒有畏首畏尾，也沒有流露嚇呆的表情，而是繼續保持活潑天真的樣子。眼看她即將跳進憤怒的黑洞，我用行動和語言把她拉出來，而不是讓她把我也拖進去。我會至少將改變話題的時間堅持一～二分鐘——只要撐到烏雲消散就夠了。到後來，我甚至下意識地以這種方式控制她的反應。就像人可以不假思索地吸氣，我已然可以在話說到一半時突然改口，瞬間進行自我修正。

回想起來，我會在大學時輔修社會人類學也沒什麼好奇怪的。我研究靈長類在社會當中的行為模式，進而了解到動物都有的原始本能，會使得我們處於某些情緒之中。當你集中注意力，找出某人當下的情緒位置，你就能夠加以調整。

這些經驗成為我處理他人反應的靈感來源，我在第一本著作《提高標準：獲得客戶反應的行動準則》中探討過這個概念。[*1]簡而言之，處理他人反應是一種**情緒控制**。當你深知該注意哪些表情特徵，並且密切觀察對方的肢體語言，你就可以正確分辨該說什麼話或採取什麼行動，以便從對方身上引出你想要的反應。這種做法同時適用於人際關係及生意上的衝突。無論你要賣出是什麼——音樂、食物或飲料；各種消費性產品或服務；或者僅僅是你對某一問題的觀點——誰能創造最好的反應，誰就贏。如果那樣東西無法激起反應，它就沒有意義。

原本無意識的行為後來變成有意為之，於是我對自己說：「好吧，我所做的一切都必須產生反應，這就是我引起人們注意的方法；讓大家去讀我需要他們讀的東西，就是我獲得關注和回應的方式。我必須創造反應。」

無論別人是憤怒還是快樂，沮喪或者恐懼，我都能感受到他們當下的心情。我開始對自己這份能力充滿信心，面對對手時，我可以盡情發揮，因為他們對我來說並非全然陌生。我可以把他們逼入沮喪的狀態再拉回來，只需要注意對方是否瞳孔放大或頸部肌肉收緊，我就明白界線在哪裡。我知道什麼時候該大吼、音量該多大聲、什麼時候該停止——這確實是一門藝術。或者，更精確地說，這是一種微妙的舞蹈，只是衝突的另一方不知道自己是如何被引導的。

多年以後，我在龐克搖滾鼎盛時期經營「吟遊詩人」（Troubadour）夜店，這種技能便派上用場。當時黑旗（Black Flag）、亞當和螞蟻（Adam Ant）、席德・維瑟斯（Sid Vicious）及恐懼（Fear）這類的歌手和樂團會吸引人潮，觀眾在舞池裡踩著彈簧高蹺跳來跳去、揮舞沉重的金屬鏈條。如今的他們可能是企業高層，但在當時，除非現場有人被打傷或割傷，否則那就不算是個美好的夜晚。龐克音樂的觀眾因衝上舞台並猛烈衝撞彼此而惡名昭彰——這就是著名的衝撞舞（Slam Dancing）。我不得不拿出所有處理反應的經驗來對付這些不守規矩的樂迷。當我被迫要處理混蛋或趕走醉鬼時，如果不全力以赴、大喊大叫，讓他們反省自己的攻擊性，我就會輸。準確知道什麼時候該強硬，什麼時候該轉為柔和的語氣，是我的長處。在我經營酒吧、餐館和音樂相關產業的生涯中，我從來沒有被人打過。

即使是吼叫也有音量和語氣的微妙變化。如果《酒吧救援》節目你看得夠多，就會注意到我的方法。我在監測酒吧老闆和員工的反應時，會不斷進行自我對話。哪怕有再多波折，我都以目標為導向，清楚知道我要去哪裡。也許我並不完全了解自己如何達成目標，但我努力前進，分析、推論並確認，把業主逼到極限，再將他們拉回來。

你會看到我使用非語言提示，比如平舉一隻手叫停！或者先伸手擁抱他們，再進行口頭震撼教育。為了讓他們痛定思痛，我會反覆進行先推再拉的確認和挑戰。我在耕耘土壤，直到他們準備接受智慧的種子，但過程並不好受。我的音量從開始到結束都發揮著關鍵作用，除了何時吼叫很重要，如何吼叫也一樣重要。

洗溝球！

下面就以我在第七季「洗溝球！」（Gutterball!）節目中挽救的「幸運六六」（Lucky 66）保齡球館和酒吧為例來說明我的做法。老闆邁克・德雷珀（Mike Draper）是個混蛋，他們員工流動率很高，連一、兩個月都待不住。邁克在樓上設置健身房，用來鍛鍊身體、發洩精力，他以為這樣一來他就不會對人們大吼大叫，但沒有用。他前前後後解雇保齡球館維修人員邁爾斯（Miles）多達九次！邁克不僅對員工惡劣，對兒子傑（Jay）和孫女達芙妮（Daphne）也不好，甚至苛待顧客。他已經負債一百萬美元，隨著愈來愈多顧客用雙腳表達不滿，他每個月還要再損失一～一・五萬美元。

邁克於二〇〇三年買下店面，此後幸運六六確實風光了幾年。但近五年來，保齡球館愈來愈不受歡迎，利潤開始縮減。他沒有努力提高外觀的吸引力，只是在新墨西哥州（New Mexico）阿爾伯克爾基（Albuquerque）附近六十六號公路旁的帶狀商場，找了一間白漆斑駁又不明顯的建築，掛上一小塊招牌。這間店舉凡軟硬體都有很多需要改進的地方，但真正問題在於邁克的態度。

「我才不來『客戶永遠是對的』那一套。」他告訴我的製作人。

我派了三位年輕人前往店裡假扮客人並事先勘查。首先，他無視他們討口水喝的請求。

他對他們說：「我忙完之後就會過來服務你們，行不行？如果你們想惹得我不爽，那就繼續吧……。」

他自顧自地喝了兩輪酒後，開始找客人麻煩，問其中一位年輕人有多胖。邁克不僅無禮、不尊重高消費的客人，還出現暴力脅迫行為。他按著那個人的肩膀說：「我不會再為你服務，你很不識相，找錯人了。我是老闆，立刻給我離開！」

讓邁克真正不爽的時候到了，我進店裡，火力全開。一位損失慘重的酒吧老闆竟膽敢這樣對待新顧客，真令我百思不得其解。於是我大吼大叫，語氣中適當地混合憤怒和厭惡，對剛剛目睹的行為提出質疑。

「他們看起來像喝醉鬧事的樣子嗎？」我問邁克，但懶得等他回答。

「如果我像你剛才一樣，也按著你的肩膀，表現出『我不喜歡你，立刻給我離開，因為這是我說的』這種態度，你有什麼感覺？」

「我應該會很難過。」邁克喃喃說道。

「因為對你做這種事的人就是個混帳！」我喊道：「你為什麼像個混帳一樣對待他，邁克？」

「對不起，我沒有辦法回答你。」他說。

我把整個經營團隊找來，包括傑；喬爾（Joel）和小喬爾，這對父子擁有食品經銷特許權；以及邁爾斯父子，他們負責經營並維修三十六條保齡球道。沒錯，這是由三個家庭組成的家族企業。他們本應互相扶持，但邁克的行為讓這種事情難以發生，他把所有人都推開。

「傑，有個簡單的問題。是你父親的行為像混蛋，或者他本人就是混蛋？」

「他就是混蛋。」傑說。邁克一個月前指責傑的女兒不夠努力，再加上一些事情，使得傑對他餘怒未消。

「邁克，聽見兒子對你的評價，感覺如何？還有，你總共欠了多少錢？」我問道，在語氣裡添加一些真正的惡意。

「很多。」

「你喜歡每個月付出一張一萬五千美元的支票嗎？」

「不喜歡。」

「你把支票付出去時，有沒有對自己說：『我是混蛋』？」

「沒有。」

「或許你現在就該對自己說這句話，邁克！」

我發揮得很好，用邁克的爛攤子給他啪啪打臉。我的任務是羞辱他——平常被他粗暴對待的人有何感受，現在就讓他也感受一下。接下來，我對經營團隊其他成員進行非正式調查。

「邁克是混蛋嗎？」我逐一問道。

「沒錯，」他們都告訴我：「他就是！」

「在場沒有一個人相信你有本事做個正常人！」我對邁克大喊。「我不太想幫你把生意找回來。我為什麼要把這裡弄得漂漂亮亮，好讓你繼續當混蛋？就算我可以打造出泰姬瑪哈陵（Taj Mahal），你這個混蛋也會毀掉它！」

到了這個地步，邁克已經被轟得體無完膚。我一邊大吼，一邊觀察他對這些話的反應。起初，他幾乎無法抬頭直視我的眼睛，但當我愈是用語言拳頭重擊他，他就站得愈直，挺身面對我並接受它，好像知道這是為他好。衝突儀錶回到綠燈區，他彷彿又是個聽令的軍人了。遵命，長官！我幾乎聽到他腦子裡響亮的回答。挺有趣的，所以我繼續逼問他。

「你不尊重別人嗎？」我問他。

「我不尊重別人。」

「所以，你是個不尊重別人的混蛋，這種人值得賺到錢嗎？」

「不值得。」

「總算說了句人話！」我大叫，然後轉身面對其他人：「邁克會有今日，完全是他應得的，不是嗎？一百萬美元債務，還有一群壓根不相信他的親人！」

我說完便走出去，讓他知道我不太想為他這種人努力。

「要比狠，你還不是我的對手！」我背對著他說：「晚安，邁克！去清理你那該死的店吧，混蛋！」

我這般對待邁克，除了要讓他嘗嘗自己種下的苦果，還要引起他的注意和尊重。沒錯，在全家人和員工面前罵他混蛋，這是一種人身攻擊。但我是在攻擊他的行為，也就是他對待別人的方式，而不是他本人。我知道，他絕對沒有我在監控錄影中看到的那麼簡單。邁克是越戰老兵，經歷過戰火洗禮，見識過親人無法想像的場景。我需要以一種他不能直接否定的方式與他溝通。正如他後來所說：「退伍後就再也沒有人像這樣對我大吼大叫，我再度歸隊了！」

這正是邁克當下需要的，把他喚醒，認清他對自己、家人和生意造成的傷害。如果幸運六六倒閉，下個月一號，保齡球館維修人員邁爾斯全家就會被趕出家門，因為他們銀行帳戶只剩下四百美元。從七歲就夢想擁有和經營幸運六六的孫女達芙妮，也將失去這份遺產。至於邁克，當初開店是為了紀念身為保齡球冠軍的已故父親，屆時也會失去好不容易得來的一切，一生積蓄將付諸東流。更糟的是，眼看即將失去世上最愛的幾個人，他卻不曾挺身承擔失敗責任，而是指責周圍的每個人。他把那些可以幫助他解決問題的人推開，特別是達芙妮，從酒吧到保齡球機器，她樣樣精通，早已證明自己在各方面都有過人的能力。

我首先必須釐清邁克為何要親手毀掉自己。他本來一直是社區裡一股善的力量，直到生意愈來愈差才轉變。錢的問題可以毀掉一個人，當你的生活一再充滿失去所有的恐懼，不安全感和挫敗就會深植心中。邁克的反應是成為一個難搞的混蛋，畢竟人都無法達到盡善盡美，就連達芙妮也一樣。我猜他覺得擺爛比承擔責任要容易得多，所以我要把他拉回來。我知道，如果他不能改變心態，就不能改變未來，所以我狠狠出招，讓他清醒。

第二天，邁克成了謙遜的表率。我的方法奏效，因為他終於遇到可以出面罵他的人。他之所以回應我，是因為我表現得像他軍中的教官，而且他打從心底明白，我對他大發雷霆是為他好。我可以利用外人的身分大力整頓邁克，這些事他身邊的親人反而做不到，而這正是他需要的。我非常尊重職業軍人，而且我明白，打過仗的邁克可能面臨創傷後壓力症候群，使他面對壓力的反應與大多數人不同。他不知道如何向別人求助，因而變得如此消極、痛苦和不討人喜歡，沒有人支持他。

邁克漸漸明白這個事實，所以我降低了音量。但事情還沒完。我把他之前刻意疏遠的孫女達芙妮請來，加入傑的團隊，然後好聲好氣地要他面對她。我非常清楚，這位年輕小姐是他珍愛的寶貝，與她鬧不和令他幾乎心碎。

「這位是你的孫女。無論好壞，她一直很努力。你有什麼話要對她說？」

「對不起……。」

「還有呢？你沒辦法獨力完成這件事……明白嗎？最有能力幫助你的，一個是兒子，另一個是孫女。現在就告訴他們！」

「我需要你們幫助我前進。」邁克告訴他們，接著對孫女說：「我需要妳，妳不在的話，我怎麼會想要全心投入呢？」

邁克終於承認，所愛的人如果沒有一起參與，就算事業成功也沒有意義。他哽咽地把話說完，大家也被他的情緒感染。我為他感到驕傲，因為對他這樣的老戰士來說，要承認這些事可不容易。

「自從越戰以來，我再也沒有對任何人說過想跟他們在一起。」邁克說。

剩下的救援工作很容易。邁克繼續用大大的熊抱化解僵局。不到二十四小時，他已經成為好客先生，滿臉笑容地迎接顧客，即使在我進行壓力測試時店裡出了問題（照慣例一定會有），他也保持正面積極的態度來面對。我們將酒吧改頭換面並培訓員工，也進行了必要的技術升級，使得全新問世的「六六大順娛樂中心」（Great 66 Entertainment Center）走上了成功之路。這次挽救任務最重要的特點是——邁克提升了自己對別人的看法和行為。他重新營造親切感，吸引顧客上門，也讓他們樂意回訪。

家人和軍人在我心目中幾乎佔據最重要地位，這次的節目恰巧兩者兼具。我被邁克和他驚人的轉變感動，這一集結束時，我自掏腰包送了他一張一萬美元的支票，幫助他在獲利穩定前應付支出。邁克不是真正的混蛋，他只是一個痛苦的人，而我的金字招牌「全力吼叫」正是治療良方。

突破布蘭登心防

我沒有一集節目不大吼大叫。總有那麼一刻，我需要給老闆來一次震撼教育，讓他們改變不健康的經營模式。身邊的人往往無法以直指人心的音量說出他們需要聽到的話，員工不敢，親人則大多不忍心這麼做。我也不是每次都像對付邁克那樣單刀直入，如果我對猶他州（Utah）萊頓（Layton）的「琳達盧酒吧」（Linda Lou's Time for Two）老闆布蘭登．波瑟（Brandon Purser）如法炮製，他就會對我緊閉心門，酒吧也會永遠關閉。

自從布蘭登十二歲在學校做了一篇這個行業的報告，就一直夢想經營酒吧。琳達盧是當地帶狀商場中的平價酒吧，六年前被出售時為布蘭登提供了實現夢想的機會。但他接手後諸事不順，店裡活像垃圾場，而他本人毫無經驗。根據猶他州法律，酒吧也必須販賣食物，所以他們把家用油炸鍋放在店裡，用來炸雞翅，搞得臭氣薰天。店內所有設備都已損壞，包括後面的抽水馬達，水一直滲漏。他們從不補貨，所以雞尾酒單上超過一半酒品做不出來。結果顧客愈來愈少，損失多達八千美元，距離關門只剩四天。我聽說布蘭登的母親維諾娜（Winona）罹患多發性硬化症，她白天努力經營著這家店，將最後幾千塊退休積蓄都投了進去。

布蘭登對自己的失敗非常內疚，最後乾脆神隱。三位忠心的調酒師就像他的家人一樣，急切地希望他出面協助，但他只顧躲在後面辦公室，天知道他都在電腦上做些什麼。我們在隔壁的空房間裡做事前偵察，看著他那些好意但缺乏訓練的員工把最基本的雞尾酒弄得一團糟。我再也看不下去，於是衝進去，大吵大鬧，把飲料和油膩的雞肉撒得到處都是。

「這間酒吧就是這樣一個鬼地方，我可以整晚撒東西，反正也沒什麼大不了的，不是嗎？」我咆哮：「各位，有什麼誘因會吸引你們來這家酒吧？食物、飲料、環境？有什麼理由要踏進這家店？」

周圍一片寂靜和搖頭。

「還有，布蘭登，你整個晚上都在哪裡？」

「在我的辦公室。」

「有緊急的事？」

「沒有。」

「『管你們去死，我要到後面，坐在我的電腦前。』哎呀，我想知道他為什麼會失敗？你為什麼會失敗，布蘭登？你真的在乎嗎？」

「我在乎，但沒辦法。」他回答。

「你在乎你母親的錢嗎？你在乎她嗎？」

「是的。」

「搞什麼鬼？搞什麼鬼！你為什麼拿了母親的錢卻不出現，布蘭登？你為什麼躲在後面，布蘭登？你當初為什麼要這樣，布蘭登，丟下你母親一個人在店裡？」

現場只有沉默。

「給我答案，布蘭登，拜託你！給我一個該死的答案。為什麼？」

我不是想逼死這個人，只是要喚醒他，並觀察他對於挽救酒吧有沒有絲毫興趣。我必須把這傢伙的漠不關心完全去除。我認為，他甚至沒有告訴員工，他們可能四天內就會丟掉工作，拿不到薪水，也沒有通知——這太糟糕了。他們愛他，對他充滿感情，難道就只能得到這樣的回報？如果他已經決定放棄，我也無法出手救援。這可能是我做七季節目以來遇到最不正常的酒吧，要在四天內解決所有問題將是艱鉅的挑戰，我不打算把時間浪費在躲進辦公室，並拒絕面對自己就是始作俑者的傢伙身上。

我離開時，命令他的員工回家，讓布蘭登去清理。我再度大吼：「布蘭登會做！布蘭登今晚要清理酒吧！布蘭登會負責任！布蘭登今晚可以做出點成績！至少這個小空間會很乾淨！」

我並沒有不間斷地一直吼叫，那種做法只適合邁克。對付布蘭登時，我提高音量的時間很短，因為我知道他只能承受這麼多。我密切注意布蘭登對責罵的反應，確認是否快要到達臨界點。他的衝突儀錶還沒有達到紅燈範圍，但肯定已經亮起黃燈。我要盡可能利用。目前的他處於某種解離狀態，我希望把他拉回現實，讓他不再逃避，因此他需要不斷聽到自己的名字，以便想起自己該負的責任。周圍的人都在掩護他，這對他沒有任何好處。有時候，為了阻止別人掉下懸崖，你必須狠狠抓住他的脖子，把他拉回地面。

第二天，我決定不提高音量，而是冷靜地陳述事實，說明酒吧面臨的每個風險。我一一列出問題，才寫到一半，布蘭登已經崩潰，淚流滿面地走進男廁。前一天晚上的衝突使他深受打擊，回家後他無法入睡。隔天早上，他整個人癱軟無力，無法處理我丟給他的任務。這個可憐人飽受兩件事折磨——除了要照顧失敗的生意，還要照顧健康不佳的父母。在家時，他覺得沒有顧好生意；但到了酒吧，他又覺得沒有顧好家人，不管在哪邊他都內疚。可憐人覺得自己根本贏不了。我明白，如果不幫助他處理壓力，酒吧也無以為繼，所以我讓他回家。

「你需要使出全副心力來挽救生意，但現在的你沒有辦法，我明白。」我告訴他：「回家吧，稍微睡一下。今晚回來，像個主人一樣坐在那裡，看著他們陪你度過難關。」

這一集剩下的時間主要是創意修改雞尾酒單，以及把這個地方變成有趣的地下酒吧，成為附近居民必訪之地，並訓練員工成為熟練的調酒師。他們都是活潑且聰明的人，我每天都會和他們一起坐在吧台旁。有了這幾個人，加上很棒且原料充足的飲料品項，盧琳達酒吧一定會成功。現在每個人都有了目標——為布蘭登的笑容奮戰。

在每一集《酒吧救援》中，我都是為老闆或員工的生活及生意而奮戰，不是為了我自己。我什麼時候大吼大叫，如何大吼大叫，都是經過縝密規劃的。你在節目中聽得愈多就愈明白，這些吼叫根據不同的情況和衝突對象會有微妙變化。再次說明，儘管我看起來很生氣，但其實不是針對他們……畢竟他們沒有傷害我！結束一天的拍攝工作後，我大可以回家享受成功事業、美好家庭和幸福生活。然而，我對幫助這些人充滿熱情。

在**保持情感投入而不憤怒**的情況下進行有效溝通，是打造成功衝突最關鍵也最難達成的要素。一旦情緒轉為憤怒，有意義的衝突就會變成沒有目標的衝突，甚至只剩下盲目的憤怒。基於憤怒的衝突總是要付出高昂代價，而且幾乎不可能獲得有意義的結果。

情緒宛如正反兩面的銅板，這一面的我火爆激動，但你永遠不會看到我出現另一面，也就是投入衝突時不帶任何情緒。我們都是人，不是機器人，與其追求完全平靜，不如事先了解自己的情緒，利用它們進行熱烈的交流——這才是正面積極衝突的關鍵。

塔弗工具包重點整理

❶ **做情緒的主人。**吼叫不應該是實際憤怒的產物，而是為了發揮效用。在你吼叫時，注意觀察對手的生理反應，確保他們不會爆發也不會關閉心門。

❷ **區分激情和憤怒。**沒錯，吼叫應該以真誠的情感做為基礎。但是，當激情被憤怒取代，對手會緊追你的怒氣不放，因為他們發現激將法已經奏效。記住，要一直控制交流情況，無論雙方變得多麼激動。

❸ **駕馭他人的反應。**這是為了讓你所說的話發揮影響力。根據你闡明觀點的方式來控制音量和語氣，利用聲音的力量操縱局面。

❹ **技巧並用。**當你與人發生口頭爭執時，吼叫應該與更微妙的技巧並用，你可以多方利用聲音和身體——從眼神接觸的隔空交流到實質的身體接近。

❺ **適時收手。**在你表明觀點後，繼續吼叫已經沒有好處。一旦爭吵結束，你就大功告成了！

07

傾聽得勝

LISTEN TO WIN

有目的的衝突不只是為了讓人聽到你的意見，
對手的話語也很重要。

Purposeful conflict is not just about being heard.
Your adversary's words matter too.

早年錄製節目，我還是電視圈菜鳥時，製作人會讓我戴著耳機，也就是無線接收器——幾乎所有真人秀都這麼做，因為製作人通常會告訴每個人該說什麼。例如，美食頻道（Food Network）的許多評委都會被告知要說和做什麼。小到向鏡頭左側走一步這種細節，或者提醒他們參賽者叫什麼名字。坦白說，我錄節目時面前就有八個工作人員一字排開。耳機還是非常管用的，因為我對認長相很在行，但往往記不住名字。

當然，整個節目是靠我的言行在帶動。在《酒吧救援》中，沒有事先寫好的劇本，因為我希望節目從頭到尾真實。但是，每當製作人下達一連串指令，就會發生一種情況——我不知道該聽誰的，是我自己，還是攝影機另一邊正在對我的耳朵發號施令的人。我的頭腦不再專注於當下。

這就像你正和某人進行激烈討論——照理來說，你的心臟會快速跳動，腎上腺素勃發，腦中應該只浮現出你要說的下一句話，而且嘴唇迫不及待要開始活動。然而，面對如火如荼的戰況，你卻沒有認真去聽，反而只顧著盤算下一個論點，結果錯失了一些關鍵資訊。而且，對方也因此沒有聽到你真正的意見。這種互動沒有任何好處。

這就是我們需要放慢腳步的原因，這樣才能逼迫自己去傾聽。**不要害怕沉默**，因為在建設性衝突中，沉默會是你的好朋友，它可以幫助雙方消化、吸收訊息。每當爭論出現長時間停頓，你會發現第一個開口的人通常居於劣勢。沉默讓這些人不自在，所以他們急於用薄弱的聲明或論點來填補空白。至於那些安然接受靜默的人，則是已經領先好幾步，因為他們會用心觀察、等待、蒐集資訊，這都有助於說出切中要害的觀點。因此，不妨利用漫長、尷尬的停頓，為自己打造有利的條件吧！

讓他們說完

在衝突中需要注意和多加利用的其他線索包括——

- **對手的姿態：**注意他們的雙臂是否交疊？嘴巴和眼睛周圍是否緊繃，眉頭是否深鎖，拳頭是否緊握？臉部是否發紅？迅速說個辭彙或打個手勢，在他們完全關閉心門之前緩解緊張氣氛。
- **語氣：**對方的聲調是否升高？是否刺耳？你是否聽到激昂的話語？保持穩定，放鬆表情和姿態。堅守立場、保持沉默，讓他們說完。你會想回應對手的攻擊行為，但要抵擋這股誘惑，並利用你和他們的情緒來打造有利的局面。
- **真實感受：**當他們開始表明真實感受，可以用「真的嗎？」或「哇！還有呢？」這類用語，讓對手覺得受到尊重，樂意把自己的真實感受告訴你。這些是處理衝突最了不起的工具，如果運用得當，你可能會找到某人出現某種行為的根本原因。

在《酒吧救援》節目中，我可能偶爾表現得太過嚇人，以致人們對我關閉心門。衝突**必須**要能吸引對方投入，而最重要的就是善用**傾聽技巧**，並運用前一章的「衝突儀錶」隨時注意對手的情緒反應。與對手充分投入衝突，需要的不僅僅是傾聽，還要意識到對方所有身體、情緒和語言線索。

除了說出口的話，還有其他多種方式可以了解人們，當你注意觀察這些線索，就能控制討論的進展，甚至達到控制對手情緒的程度——也就是前文提過的處理他人反應。例如，你可以用搖頭或點頭，引導他們的觀點朝你希望的方向發展，這個做法很有用，具有強力的潛移默化功效；或者靠過去，看著他們的眼睛，讓他們知道：*我很在乎你*。對手不是邪惡之輩，況且，若只靠本能衝動來主導衝突，反而會引發更激烈的戰況。

對方說話時，要運用這些動作讓他們知道你非常認真地在聽，使他們感覺受到尊重，願意放下戒心，以便在你發言時也把話聽進去。讓他們詳細說明觀點，是另一個引出真相的有效方法。一般人不太可能重複別人的話，或是剛說三、四句就開始說假話。你可以用手摸著下巴，再搭配幾個關鍵字：「再多告訴我一些。」鼓勵他們繼續說下去，接著你就會得到真相。

假設現在你正在討論跨性別人士的權利。如果談話的另一方是保護心很強的父親，擔心生理性別是男性但心理認定自身為女性的人，與女兒使用同一個更衣室，他或許會本能地脫口說出：「想都別想！」但是，當他們深入理解過這些男性轉變為女性或女性轉變為男性的人，大多數人都會對這群被困在錯誤性別中、飽受痛苦的人表示同情。

你可以問問那位憂心的父親，他認為性別認同障礙的人應該從幾歲開始改變外貌並進行荷爾蒙治療？學校應該如何調整，才能讓每個人都接受並覺得安全？在個人或團隊運動方面，怎麼做才公平？或者當年輕人認為變性可能是合理選擇時，家長、老師或顧問應該扮演什麼角色？不管人們對這個敏感議題採取何種立場，這些開放式問題都沒有簡單答案。但無論如何，問這些問題都可以帶來正面積極的結果。你一定可以找到雙方都同意的地方，哪怕只是一個小小的共通點——這樣就足以將對話轉向更有成效的方向。即使你沒有完全改變那個人的想法，至少在你離開時還能留下進一步討論的空間。

關鍵不在於推翻誰的論點，而是要加深你對議題的理解。有時候，爭論的另一方還沒有完全想清楚，但只要你深入探索，就有可能找到黃金。

與其否定某個觀點或事物，不如提出問題，了解爭論背後的想法。如果你有足夠的耐心暫停下來，深入探索，並理解句子背後的意圖，它可以把你帶往全新和意想不到的方向。

人們的思路愈來愈僵化，無法擴展或改變，是因為大家始終缺乏耐心且不願傾聽，特別是最近幾年。不妨聽聽有線電視網路新聞，你會發現站在反對立場的專家極少獲邀受訪，你聽到的都是人們隔空互嗆。他們只想消磨對手的意志力，無意說服對方。

裂痕和縫隙

關鍵是要**表現出興趣**，而不是批判。人們往往認為只要用話語壓制對手，就可以贏得衝突。但其實愈是如此，就愈是會把最終勝利拱手讓人，因為這麼做會暴露出論證中的不一致。

正因如此，你必須讓對方繼續說話。當你聽到他們推論中出現可以反駁的缺陷，不妨先故做無辜，把他們剛才說的話拿來反問，讓他們清楚交代。隨著進一步說明，每個句子或短語都會透露出更多訊息，供你質疑或擴大。而一開始看似牢不可破的觀點，就會這樣漸漸出現裂痕和縫隙了。

菲爾博士的妙招

菲爾博士經過多年觀察發現，當我與人交談時，為了吸引他們投入，會提出諸如「發生了什麼事，使得你有這種想法？」或「那對你來說有沒有用？」之類的問題。

這並不是說我想成為心理治療師，而是我的做法與菲爾博士相當類似。他提出了揭露、探索性問題，釐清人們以某種方式行事和思考的原因。這位老友教了我一些有用的技巧，包括特別注意「但是」或「因此」後面的句子，因為真話就在裡面。我模仿這一招模仿到惟妙惟肖的程度，把他給逗樂了：「**你**明明知道我知道**你**知道……。」當然，我並沒有要治療任何人，這種事留給良醫菲爾去做即可，我只是想擴大論點並找出意見一致的機會。

我在《酒吧救援》中經常這樣做。我會抓住一些可以揭露的點，用下列問題來挖掘脈絡：「你對那件事有什麼感受？」或「你妻子對那件事有什麼感受？」等等。他們不一定會立刻回答，有時你需要讓漫長的停頓為你效勞。當你提出強力觀點，對手會需要安靜的時刻，讓它在心中沉澱。也只有在這時，他們才會願意改變。趁著有機會處理時完全改變心意，還能獲得益處，因為若不這樣做，到時要處理的就只剩下後果了。

這就是《酒吧救援》第一百集〈硬頭與軟球〉（Hard Heads and Softballs）的情況。明尼蘇達州（Minnesota）橡樹林（Oak Grove）的「麥克和賈斯特酒吧」（Mac and Chester's SRO bar）老闆

之一陶德・賈斯特（Todd Chester）還有選擇餘地——看是要停止當個醉醺醺的巨嬰；還是繼續冒著讓全家破產及失去妻子的風險。

陶德和另一位老闆史考特・麥克（Scott Mack）當初買下這家店是看中巨大的場地——它共有四個棒球場、一個為觀眾服務的酒吧小屋、一個比賽結束後為球員及其家人提供酒水和食物的大酒吧。當初的構想是把平價酒吧轉型為適合當地居民闔家光臨的場所，他們確實做得有聲有色，一年淨賺八十萬美元。

後來，陶德的摩托車友開始出現，總是幹些蠢事把顧客嚇跑，比如在店內表演翹輪特技，甚至把車騎上桌面。他們大吵大鬧，在木製傢俱上轉動車輪，使得傢俱起火，陶德還為他們大聲歡呼。這種情況嚴重危害生意，他們開始每月損失六千美元。情況變得非常糟糕，曾經是朋友的史考特也看不下去了。由於他自己的經濟狀況岌岌可危，他們把生意分開，史考特留下來經營戶外生意和小型特許攤位。兩人的決裂導致生意被拆分成兩半。

陶德的妻子伊莉斯（Elise）——也是他六個孩子的母親，簡直要氣瘋了。我對酒吧進行事前偵察時，她坐在我身邊，看著丈夫的車友把一張野餐桌變成一團烈焰，而醉醺醺的丈夫還笑得出來，她難過得哭起來。當面與這傢伙對質的時候到了。

「你燒壞傢俱還拍手叫好，她只能眼睜睜看著。」我對陶德說，他只是嘻嘻一笑。

我決定把這個笑容從他臉上抹去。

「你他媽的在做什麼，你以為燒自己的傢俱可以賺錢？」我大喊：「那是你無法給家人的一百五十美元！」

「喬恩，你閉嘴，聽我說！」

「不，你才要聽我說！你在惡搞家人，因為……**看著我！**你他媽的白癡！」

陶德向我撲來，拍攝小組趕緊把我們拉開。我開車離去，要不是為了伊莉斯，我真的不打算再回來。她值得更好的對待。

第二天早上，在清醒的白天裡，我希望陶德會回來懺悔。他是否根本不在乎？我用最嚴厲的方式跟他攤牌。

我告訴他：「我不是來和你吵架，是來幫助你的。」然後，我提出數據，告訴他需要每月提高三～四萬美元的營業額，收支才能打平。我還提到，他把這個地方經營得像低俗會館，害得伊莉斯和史考特非常傷心。

「然後你每天回家，給孩子們晚安吻，對他們說：『別擔心，有我照顧你。』這是該死的謊言，因為你沒有照顧他們，你只顧自己爽。但也爽不了多久，等到搞垮生意，你一毛退休金都不會有，現在看看誰才是白癡？」

然後我讓他的妻子參與談話。

「我已經筋疲力盡了。」她對他坦白，淚水再度湧上眼眶。

「陶德，她愈來愈消沉了。」

我湊到他面前，直盯著他的眼睛，壓低聲音說話。他聽完變得沉默。你在電視機前看不到長長的停頓，因為製作人為了節目順暢剪掉了這一段。但這種沉默對我來說很有效，讓我有機會探究對方的反應。我讓那些指責他的話繼續發酵，對方可以選擇接受，也可以不接受。大約三十秒後，陶德羞愧地低下頭，這是明智的選擇。

「她值得更好的對待。」他承認，聲音因傷感而沙啞。

我們取得共識，他需要退開，讓妻子接管生意。而他可以回去做最擅長的事——賣房子。我沒有想到陶德會這麼輕易就翻身，他自己也很意外。但他決定改變後，我們立刻為酒吧的所有權找到解決方案，讓陶德和伊莉斯買下史考特持有的部分。我們著手改造後，生意大有起色。我上次聽說，這間店開出一百萬美元的頂讓價格。

我對陶德採用傾聽技巧，釐清對他來說最重要的東西。他原本以為自己最重視的是和車友一起玩耍，但我漸漸看出他真正在乎的點。他的反應——我重演他的行為時，他感到羞愧，以及對伊莉斯明顯的愛——讓我明白，「渴望照顧家庭」才是他主要動機，於是我趁機點醒他。既然已經找出他真正重視的事物，我就能強調一番，督促他為這個目標積極努力。透過真正的傾聽和全心投入，我可以感覺到情況開始出現變化。

語言隔閡

尤蘭達・康耶絲（Yolanda Conyers）在更複雜的國際企業中採用這些看似簡單的技巧，同樣具有強大影響力。這位來自奧斯丁（Austin）的工程主管加入了電子巨頭聯想集團，在公司裡擔任多元總監，首要之務是解決困擾內部的功能不彰。也許她一開始的做法有點操之過急。

在她就職兩年前，也就是二〇〇五年，總部位於北京的聯想集團簽署一項歷史性協議，收購了ＩＢＭ的個人電腦事業部。如今，被迫一起工作的東西方員工正努力整合為一間公司。大多數企業會同化被併購的公司，但聯想高層立意良善，決定整合不同觀點，創造兼容並蓄的全球化企業。在聘用尤蘭達時，公司已經有來自五十個國家的成員和多種企業文化。但是，如果僅用「尚未妥善融合」來形容這群人，未免太輕描淡寫。不同語言和商業協定滿天飛，以及一些雙方都需要快速戒除的不良溝通習慣——這才是他們當下的真實寫照。

尤蘭達告訴我：「尖叫的翻譯效果不太好。」她指的是一些西方高層，他們在早期開會時往往咄咄逼人，但這種態度適得其反。

沒有人聽得進去別人要說的話。為了應付混亂局面，每個人都縮在自己熟悉的角落裡，拒絕面對他人。不看好這次併購的人預言公司遲早會失敗，沒有人相信，如此雄心勃勃的東西方合併有機會成功。

尤蘭達明白情況緊急，到職後幾週內就坐上前往總部的飛機。她在前公司戴爾（Dell）得過獎，以外交手腕和高明策略聞名。正如她在著作《聯想之道》（*The Lenovo Way*）[*1]裡的描述，她對這個艱鉅挑戰感到興奮，並確信這是她擅長的領域。在接下來幾天裡，她逐一與每位關鍵人物會談，了解衝突的根本原因。她的態度很好，但說話直接，這是她深入調查、蒐集資訊和判別問題的一貫作風。她希望中國團隊成員更主動一點，但她覺得他們能做到目前的地步已是好的開始。

她飛回美國後不到二十四小時，便聽到傳言指出中國的新同事不喜歡她，而且他們認為她的溝通方式「令人反感」。

她進公司原本是為了解決問題，現在卻被視為問題的一部分，這令她大吃一驚，於是她連絡出差期間與她處得還不錯的中國高層喬吉娜（Gina Qiao）。

「她在小組會議上很少發言，但她說的每句話都別具意義。我們曾數度一對一談話，我覺得她應該會同情我的處境。」尤蘭達回憶。

兩人說好待尤蘭達下次造訪，一起在香港共進晚餐。兩位女士盡情暢談，話題包括家庭、職業及在男性主導的行業中擔任高層的心路歷程。她們真心喜歡對方，並發現彼此有很多共通點。用餐即將結束之際，尤蘭達終於鼓起勇氣問吉娜，她到底是哪裡出了問題。

「在我看來，妳人很善良，立意也是好的。」吉娜對她說：「但是，有人告訴我，中國同事完全感受不到這一點。事實上，他們覺得妳攻擊性太強。他們說，妳問問題時，表現得好像已經知道答案，沒有要**聽**別人說話。」

吉娜的話刺痛了尤蘭達，但她仔細回想那些談話，赫然發現吉娜並沒說錯。在進行調查事實的訪談時，幾乎都是她在說話。

「當時的我一定是像推土機一樣不停輾壓。」尤蘭達回憶道。

從那時起，尤蘭達意識到，她的新角色最重要職責就是傾聽。她投入了更多時間，去了解同事私下的一面。最後，她決定走出西方舒適圈，全家搬到北京三年。她變得更加謹慎，不曲解別人的意思，哪怕有人一時語塞，她也不會衝動地替他們把話說完。

由於語言隔閡，尤蘭達讓其他人慢慢發言，自然責無旁貸。透過翻譯談話或與非英語母語者交流還需要極大耐心。例如，詞語不一定能完美翻譯，可能需要多次嘗試才能傳達真正意思。翻譯員花幾分鐘與中文人士來回溝通，但尤蘭達往往聽見中文人士僅僅說了幾個簡短的中文單字，她覺得說得太少。不過，她並沒有沮喪，而是運用這幾分鐘進行更全面的傾聽，密切注意對方的肢體語言和語氣，如此一來，即使她不明白這些話，也會發現很多細節。她甚至鼓勵他們發表長長的補充說明，以便翻譯人員和團隊成員進一步討論問題，然後挑出一個人代表小組發言。

每次交流都是觀察、學習和分享雙方差異的好機會，藉以努力縮小差距。她加倍注意各種肢體語言，比如臉紅脖子粗或翻白眼——這在每個文化中都有。有時與會者會把椅子移開或向後拉，眼睛不願正視桌面，這樣的舉動會引起她注意。她也觀察手部動作——他們的雙手是在膝上緊緊交握，還是放鬆地擱在桌面上？

尤蘭達解釋道：「有時你需要保持沉默，以便觀察這一切。」

視覺領域

亦如湯米・米肯斯（Tommy Mickens）所說：「如果你一直說個不停，那麼你什麼也不會知道。」

湯米是一九八〇年代紐約頭號毒梟，對他來說，傾聽攸關生死。他鑲鑽的牙齒和手錶可能會被饒舌歌手拿來大作文章，但現實是——他打從十四歲起就在皇后區街頭販毒，生活中充滿衝突。

身處這個許多同齡孩子都在掙扎的世界裡，他的目標不僅僅是生存，還想要賺大錢，以便照顧單身的母親、幫助兄弟姊妹，並在完成學業後進入合法企業工作。同時，為了避開任何潛在問題和暴力，他一方面要和供應商及客戶保持關係，另一方面也與競爭對手及幫派保持和平。

湯米的策略是密切注意人們和周圍環境。當他需要開車去某個地方，他說他會這麼做：「我從不把車頭朝裡面停，這樣就能保有完整視野。」當他參與交易時，例如：用大麻或古柯鹼換現金，他從不允許任何人坐在車子後座，因為如果那個人決定用槍指著他的頭，他連他們的反應都無法掌控，更不用說保護自己。

「你必須領先別人幾步。」湯米告訴我：「你必須聽從直覺，也就是第三隻眼，然後與對方的真實自我同步，這樣你就會知道他們在想什麼，並預測他們的下一步行動。」

湯米是處理他人反應的大師，將傾聽技巧鍛鍊成一種技藝。他總會閒適地向後靠坐，讓談話對象盡情傾訴：「這樣我就能看出他們的目的。」他會去注意人們在較為真誠且不設防的狀態下出現的小差錯和說溜嘴。在他身上結合了三種優勢——過去跟三教九流打交道的經驗、敏銳的直覺，以及解讀肢體語言的能力。

「他們沒說出口的東西也是談話的一部分。」湯米與我分享：「安靜的人就是你必須注意的人。」

與他人接觸是蒐集資訊的好機會，有助於他領先潛在的威脅或對手，以保護自己並實現目標。他不會迴避必要衝突，但會以謹慎和妥善規劃的方式揭露自己的想法或當下做出反應。

「人們對不了解的事物感到害怕，播下懷疑的種子比穿上防彈衣更好，因為人們不會僅僅思考兩次，而是十次。」

在青少年時期經歷太多肢體和語言衝突後，他明白有時讓別人贏，或者至少讓他們覺得自己贏了，反而更好。他認為這是一種應付衝突的心理戰，你「處理它，阻止它，在人與人的接觸中學習」。這種認知和信心賦予他內在自信與「光環」，他可以把它投射到充滿陌生人的空間，為他贏得優勢。

湯米透過毒品交易，每週收入多達十萬美元，一九八六年結束犯罪生涯時僅僅二十二歲。他擁有可觀財富，在全國各地置產，有二十一輛豪車和一艘遊艇。饒舌歌手五角（50 Cent）在歌曲《原諒我》（Ghetto Qu'ran）中歌頌湯米。

但是，湯米開始守法後放鬆了警惕，兩年後，他因毒品交易、洗錢和逃稅——非暴力犯罪——而被起訴，數百萬資產被沒收。他在監獄裡度過二十年，在那個地方，衝突是一種生活方式，他繼續利用在街頭培養的傾聽技巧生存下去。

我與你分享湯米的故事，是因為它揭示了一個道理——即使在最危險、最不安穩的情況下，於衝突中傾聽依然管用。如今，湯米將衝突技能運用在公益事業上。出獄後，他發起健康計畫，指導老人運動，現在的他也透過傾聽來贏得他人的信任。在母親一九九三年中風去世之前，湯米一直負責照顧她，期間培養了看護及關心老人的技巧。他會觀察並探究客戶的情緒，以便激勵和鼓舞對方，他聽從內心的聲音，為他人服務。當年蹲苦牢時，他曾夢想成為守法的生意人，如今可以說美夢成真。湯米的衝突和傾聽技巧不僅幫助他熬過人間地獄，還讓他有了重新做人的恩賜和回饋的機會。

「忘掉那些饒舌歌曲和財富，這才是我想被人記住的樣子。」

塔弗工具包重點整理

❶ **注意他們說的話，不要只顧著想自己的下一句話。**如果你只顧著想如何陳述下一個論點，就會錯過一些關鍵訊息。

❷ **放慢速度。**強迫自己傾聽。不要害怕靜默，因為在建設性衝突中，靜默可以成為你的朋友。不要率先跳進去，不要因為急於用話語來填補長長的停頓而失去重點。

❸ **讓他們說話。**運用鼓勵性詞語，比如「真的嗎？」或「哇！還有呢？」，讓對手覺得受到尊重，以幫助你找出他們行為背後的原因。

❹ **注意身體和情緒線索。**除了說出口的話，還有多種方式可以了解人們，當你注意觀察這些線索，就能控制討論的進展。

❺ **處理他人反應。**例如，用搖頭或點頭，引導他們的觀點朝你希望的方向發展，這個做法具有強力的潛移默化功效。

❻ **注意對方的用詞。**真相往往在第三或第四句話中顯現出來，或者在「但是」或「因此」這些詞語之後——來自菲爾博士的說法！

❼**「那麼你的意思是……？」**當你聽到他們的推論中出現可以反駁的缺陷，不妨故做無辜，把他們剛才說的話拿出來反問，讓他們清楚交代。每個句子或短語都會透露更多訊息，可供你質疑或擴大。

❽**表現出興趣，而不是批判。**如果你有足夠耐心暫停，深入探索，並理解句子背後的意圖，它可以把你帶往全新、意想不到的方向。開放傾聽，提供尊重。

08

在角落碰頭

MEET ME ON THE CORNER

不僅投入衝突的方式很重要，在哪裡投入也很重要。
場合是建設性衝突另一個重要工具。

It's not just how you engage, but where. Location is another essential tool for constructive conflict.

多年前，我還是一個在洛杉磯酒吧和餐館界闖蕩的年輕人，在西好萊塢的「巴尼酒吧」（Barney's Beanery）工作，那時這家店還不是人們所熟悉的那種連鎖美食時髦酒吧，只是日落大道（Sunset Strip）附近的小店，昆汀・塔倫提諾（Quentin Tarantino）在他最喜歡的座位上撰寫《黑色追緝令》（*Pulp Fiction*），奧利佛・史東（Oliver Stone）也在這裡拍攝《門》（*The Doors*）的場景。從名人到街頭藝人都會點它著名的辣肉醬和漢堡。我們吸引三教九流，就算那一天摩托車幫派「地獄天使」（Hells Angels）上門，我也不感訝異。

地獄天使不是週末騎著改裝哈雷出來兜風的銀行家，而是一幫硬漢車手，留著長而稀疏的鬍鬚，穿著打補丁的皮夾克，每個人都渴得要命。他們在吧台點了一壺啤酒，端到用餐區的桌子上，坐下來喝酒。

老闆從後面走過來，吩咐我叫他們離開。當時是下午三點，店裡沒有其他客人。我認為現在不適合和這樣的人發生衝突，所以嘗試了另一種做法。我在吧台裝了一小杯啤酒，走到他們身邊把杯子放在桌上，然後拉過一把椅子坐下。他們抬起頭，驚訝地看我，然後伸出雙臂，在毛茸茸的刺青胸膛上交疊。

「各位先生，現在有個問題。」我輕聲對他們說：「如果你們不吃東西，就不能坐在這裡。」

我大膽的舉動緩和了他們的戒心，現在時機正好。他們放鬆下來，開始和我聊天。然後他們點了幾份點心，喝完啤酒，不久後就平靜地離開。

如果我在這群人入座之前就試圖阻止，局面可能會變得很難看。但是我使用他們習慣的模式展開討論，並利用他們正在放鬆喝酒的機會取得優勢。**場合、場合、場合！**很重要，所以說三次。

衝突對象不會每次都一樣，而環境也會對結果產生重大影響。例如：如果對手喜歡大聲喧嘩和咄咄逼人，在嘈雜的運動酒吧與他對峙，會比在安靜的法式小酒館管用得多。我發現找個位子坐下來喝可樂的結果，大多比站在房間正中間要好，因為人們坐著喝飲料時通常更平靜，也更容易接受你說的話。但你也必須預測衝突會如何進行，並且快速評估及了解對方。

為了獲得最佳結果而打造衝突場合的方法包括——

- 與配偶、孩子、父母、朋友……**在鄉下長時間散步或乘車。**沒錯，我是主張大多數時候都要有眼神交流，但許多夫妻在長途旅行時，因為沒有任何干擾，也沒有機會逃避對方，因而可以擁有最好的心情交流，深入那些讓人不自在的領域。若你的對象合適，你們可以肩並肩坐著，進行困難的對話；或者從事不太耗費心力的活動，讓你有機會以比較溫和的方式提出痛心的話題。你會驚奇地發現，你不過是在步行，卻能同時解決掉大問題。

- **繞著酒吧或餐館的街區散步。**當你想與對手接觸，並且不希望他的女朋友攪和，或者不想讓她丈夫聽見，你可以採用這種做法，以便更誠實和公開地表達意見。
- **當著幾個人的面或只有你們倆。**這取決於情況的惡劣程度。你是希望這個人會因為羞愧而做正確的事，還是要利用在場觀眾的幫助？或者讓對方因為害怕當眾丟臉而閉口不言？
- **挑選活力充沛的環境。**比如在嘈雜的酒吧，手裡拿著啤酒。你可以讓那些避免衝突的人活躍起來，從他們的殼裡走出來。但是，如果我需要某人安靜下來，希望對方注意其他人和周圍環境，我可能會選擇在高級牛排館進行激烈討論——那個地方有人們享用美食及聊天的背景音，我們還會穿西裝打領帶。

由於衝突往往會自然而然地浮上台面，很多時候我們無法控制它發生的地點，所以重要的是根據個人和場合進行調整。尊重和理解場合，也尊重參與衝突的人。就看你是穿著舞會禮服，或者只有一件泳褲；手裡端著鳳梨可樂達雞尾酒（Pina Colada），還是穿著藍色工作服站在工廠裡——不同場合和裝扮會有不同抑制作用，要利用局面和場合來發揮優勢。當然，人生難免會有衝突自動找上門的時候，即使當下的環境並不太理想。這時你需要注意周圍的環境和人，以及如果衝突白熱化時可能帶來的後果。

不友好的天空

凱文（Kevin）在一家受歡迎的廉價航空公司擔任空服員，在這充滿衝突的行業中，密切注意並妥善應對衝突，對他的工作表現有決定性影響。二〇二一年，航空公司向聯邦航空總署（Federal Aviation Administration）提交了五千一百一十四份乘客違規報告。[*1] 其中許多事件與新冠肺炎法規和搭機口罩規定有關，但並非全部。二〇二一年五月，西南航空（Southwest Airlines）從薩克拉門托（Sacramento）飛往聖地牙哥（San Diego）的航班上，一位空服員基於飛行安全標準規定，請某個乘客收起桌板並將座位豎直，對方故意不守規矩並對空服員施暴，導致她牙齒脫落、臉部受傷。

空服員的工作是在飛機上率先反應任何事件並維護安全，由於恐怖攻擊和新冠肺炎的潛在威脅，航空公司的搭機規定日趨嚴格。然而，在這種情況下，航空公司依然決定增加座位和減少服務。乘客對於規定變多、座位擁擠但服務打折非常不諒解，使得空服員被迫在日益緊張的環境中工作。

在我們交談的那天，凱文剛剛經歷了一件幾乎要敵意失控的事件。事情發生在一架從波多黎各的聖胡安（San Juan）飛往勞德代爾堡（Fort Lauderdale）的班機上，當時飛機還沒有爬升到巡航高度，一位先生忽然站起來，伸手去取上方行李櫃裡的包包。

「先生，我必須請您就座。」凱文用禮貌但堅定的語氣告訴他。

然而那位先生在機首拉高的狀態下繼續四處翻找，同時用腳尖站立，身軀搖搖晃晃。

「先生，先生！您在幹什麼？」凱文問道。他離開座位，穿過通道朝對方走去。

「我看起來像在幹什麼？」

「這是安全問題，您可能會傷害自己和他人。請關上行李櫃，回到座位上。無論您需要什麼，都可以等到飛機完成爬升，安全帶燈號熄滅後再拿。」

凱文是個肌肉發達的大塊頭。年輕乘客不喜歡凱文當著其他人的面糾正自己，於是升高了敵意。

「我想坐的時候就會坐，你他媽的為什麼一大早這麼沒禮貌？」

憤怒的乘客隨後取出包包，朝妻子扔去。她坐在窗邊，抱著孩子。凱文有些驚恐，意識到局面可能會升溫，他深吸一口氣，換個角度，試圖讓對方平靜下來。

「如果我表現得沒禮貌，在此向您致歉。」凱文用較為溫和的聲音告訴他：「但這不是針對您或那個包包，而是跟您的安全有關。您可能會摔倒，傷到自己或其他人。請坐下來。」

「看吧！你剛剛承認你沒禮貌！」這傢伙認為自己獲勝了，終於心滿意足地坐回羞愧難當的配偶身邊。

凱文別無選擇，只能與這位乘客對峙，因為對方的行為危及自己和他人。

「在空中，我們沒有什麼資源，也沒有迴旋的餘地，所以這可能是一場真正的鬧劇。他們或許認為自己安全無虞，可是一旦遇上亂流，他們可能會像保齡球一樣滾過通道。」

由於衝突場合非常特殊，所以他明白這牽涉到安全，必須盡快緩和局面。在三萬英呎高空，兩百個人被困在狹窄的鋼管裡，發生狀況時根本無處可逃，酒吧式爭吵絕對有害無益。因此，在不示弱的情況下，凱文做出明智決定，一發現這位乘客會回到座位上，他便謙虛地化解局面。乘客就座後，凱文甚至感謝他的合作，而那人則回瞪他一眼。在剩下的兩個半小時裡，凱文都沒有再理會那個急性子。

「接受訓練時，我們學到的第一條金科玉律便是：不要隨他們起舞。」凱文向我解釋：「我不能上他們的當或相信他們的話，所以我試圖在表達觀點時保持冷靜但堅定。」

同時，凱文也不能放任某些行為。若要等到發生事故才表明在飛機爬升途中站起來很危險，此時已經毫無意義。

「要求乘客遵守規定很容易演變為衝突，但我深知如果不表明安全考量，一旦他發生事故，他將是第一個抱怨沒有被告知的人。」

等到航程結束才告知旅客沒有遵守某項規定，這也是一種疏忽。「就像回家後沒有立刻指出孩子犯了什麼錯，等到想起來才說已然太晚，這個教訓就沒有任何意義了。」凱文表示。

此外，在駕駛艙打開時，允許乘客擠過飲料車去上廁所，也是非常粗心大意的疏忽。

「我不知道她在九一一後都待過哪些地方，總之這位衣著光鮮的中年乘客就是不明白。」凱文分享那次經驗，他必須溫柔但堅定地引導一位婦女改去上飛機後面的廁所。

她對此不太高興，因為後面的廁所有人用，她必須等待，但凱文容許她發洩。他注意自己的肢體語言和語氣，他深知故意咬緊牙關吸氣和翻白眼是「某些空服員惡名昭彰的伎倆」，可能會點燃乘客的無名火。雖然基於安全考量，他有義務以衝突解決問題，但他依然嘗試機智應對，傾聽乘客的意見，清楚地溝通，並預測他們的需求和關切。

「你永遠不能表現出憤怒的樣子，因為這樣一來會正中他們下懷。」凱文解釋：「你要盡量謹慎，不要當著所有人的面貶低他們。」

他的衝突策略其中一招是私底下教育。他把這位女士帶進廚房，給她上了一堂簡短的歷史課，告訴她航空公司如何保護駕駛艙，以免遭受恐怖攻擊。當機師起來活動時（凱文就是因此在九一一事件中失去親近的朋友和同事），空服員會用小餐車擋住。這位女士恍然大悟，態度轉為親切並表示歉意。

在新冠肺炎期間，機位異常便宜，許多乘客第一次搭機，對於他們到底了解多少搭機常識和規定，凱文沒有預作假設。他意識到很多人因為不能隨心所欲而感到煩躁、困頓和不安。研究表明，一趟航程會讓乘客的壓力升高。美國躁鬱症和憂鬱症學會（The Anxiety and Depression Association of America）發現，有二〇%以上的美國人害怕坐飛機，但他們還是會坐——這意味著每個航班上都有不只一小部分人可能處於恐慌發作邊緣，所以乘客出現超乎尋常的行為也不足為奇。

凱文的策略是「用仁慈收服他們」，即使對方已經開始發火。他會注意傾聽，容許他們陳述觀點，並壓低自己的聲音。衝突爆發時，乘客往往試圖慫恿鄰座加入戰局。例如：他們會指著那些口罩沒有完全遮住口鼻的人，或者用手機錄影，再精心剪接，把航空公司描繪成最糟糕的形象。

「我們是公司的前線，品牌的形象。乘客不會記得他們與機師或登機口工作人員的互動，所以我們有責任處理好衝突。」

這並不意味著凱文總是無條件退讓，他也有一些不允許別人跨越的界線。比如有一次，他推著飲料車，感覺有個尖銳的東西深深劃過背部。他扭頭一看，發現一位留著三吋指甲的女人在他背上製造輕微皮肉傷。

「不要這樣！」他對她說。

「哦，你想怎樣，讓我吃不完兜著走嗎？」她冷笑問道。

凱文彎身湊過去，用只有她聽得到的音量狠狠地說：「再這樣做，我一定會讓妳吃不完兜著走。飛機一落地，航警就會等著妳。現在疫情這麼嚴重，請絕對不要隨便觸碰別人。」

這位乘客隨即收斂態度，結結巴巴地說：「呃，我只是想要一杯可樂。」

他倒了一杯冷飲給她，在接下來的航程中，她都乖乖收起那雙爪子。

群眾外包

對的觀眾可以促進建設性交流。人們一旦發現自己正被別人觀察，往往便會在處理衝突時更有建設性和責任感。他們不一定希望自己看起來像壞人，所以會更有自知之明、舉止得體，並以較為尊重的態度傾聽同事、家人、朋友或配偶的意見——否則對方可能再次感受到熟悉的蔑視。

我拍攝《婚姻救援》時經常發現，當一對夫妻知道有人在看時，他們對待彼此的方式會不同。（攝影機則不重要——令人訝異的是，人們很容易忘記自己正被拍攝。）這並不是說他們在假裝，而是他們被迫透過別人的眼睛來看待自己和行為。就像我們在應徵工作或第一次見到重要人物時，會抬頭挺胸、避免說髒話。在這樣的時刻，夫妻雙方會整頓自己，並注意到還有別人進入了兩人世界，進而有機會重新設定對待彼此的方式——至少會以對待陌生人最起碼的尊嚴和尊重與對方相處。他們不再為每件小事謾罵和爭吵，大腦的某種設定已經轉變，現在他們已經可以閉嘴並傾聽對方的意見。

安珀（Amber）和瑞卡多（Riccardo）不管討論任何事都會爭吵。或者該這麼說——瑞卡多一開口，安珀就會要他閉嘴，因為她很生氣，根本不想聽。瑞卡多因賭博負債累累，自從逾期繳費催帳單開始出現，安珀就不斷發現這些令人討厭的意外狀況。

賭博成癮已經夠糟糕了，但這對來自亞特蘭大（Atlanta）的年輕夫婦有著更深刻的問題，那就是無法信任彼此。安珀需要丈夫道歉及承諾改進，但她得到的結果恰恰相反。她愈吼叫，他就愈封閉心門並退縮，於是上賭博網站或在賭場徹夜豪賭愈發成為逃避良方。他退到一邊，扮演起受害者角色，儘管他們有孩子要養，有抵押貸款要付。

她解釋道：「在這段關係中，我必須擔任硬漢的角色，而不是女人。」

她的做法使得瑞卡多繼續扮演受害者，甚至表示是因為女兒懇求他們停止爭吵，所以他才會退開，而不是試圖解決問題或回應妻子的抱怨。

「妳只顧著自己不停地說，根本不聽我說，然後再指責我撒謊。」他告訴她。

他們的溝通風格如此不同，我不禁納悶這段婚姻該如何延續。安珀是精力充沛、活潑好動、善於溝通的年輕女士，卻嫁給沉默寡言、感受全藏在心裡的悶葫蘆。她需要降低音量，不要動不動發火，這只會嚇得他關閉心門；而他需要更坦白，如實交代家裡的財務狀況，拆除他在兩人之間築起的高牆。

在每一集裡，我會為每對夫婦設計壓力測試，其中，測試地點的挑選非常重要。之前我們大多在波多黎各悠閒的海灘度假村進行，但我希望這兩人與遠不如他們自己重要的人近距離接觸。於是我要求他們加入志工團隊，為名叫比安卡（Bianca）的婦女油漆和維修房屋，她的社區在瑪麗雅颶風（Hurricane Maria）中遭到毀壞。這對夫婦看到房屋受創嚴重後，不再只顧著自己的事，拿起油漆刷與比安卡和她的家人肩並肩工作，幫助他們修復房屋。這時，你可以看到他們流露出同情心。

接下來發生了有趣的情況。他們對受助者的同情心滿溢，轉而流向對方。兩人突然成了團隊，不再一心想著自己的問題，而是盤算將來如何繼續幫助波多黎各的受災戶。他們終於發現，與比安卡和她的孩子們所經歷的相比，造成自家關係破裂的經濟問題根本不算什麼。

這是重大突破，這對夫婦重新投入為彼此奉獻的伴侶關係。當然這並不意味這段婚姻不會再出現緊張局面，有意義的衝突依然會發生在重要關係中。但至少他們現在可以從團隊出發，為一些事情而努力。請對方幫忙拿一下鹽，不會再演變成第三次世界大戰——他們終於站在同一陣線。

安全空間

「地點」不一定是真實場所，你也可以打造一種心態，提高人們正面交流的可能性。例如，你可以故意創造條件，讓企業中的各個團隊產生建設性衝突。設計部或創意小組或許與業務或會計部門有強烈的意見分歧，但衝突後的實際結果可能比任何一方按自己的意願去做要更好。這些衝突可以將生疏的技巧磨練純熟，進而打造出獲利的產品。

自從一九二三年華特（Walt）和羅伊．迪士尼（Roy Disney）在好萊塢成立「迪士尼兄弟卡通工作室」（Disney Brothers Cartoon Studio）以來，這種創造性緊張局面就界定了這對著名兄弟檔的關係。華特具有無窮想像力，為娛樂產業帶來劃時代改變；羅伊則在堪薩斯州（Kansas）的銀行工作過，對數字非常敏感，是個實用主義者。每當弟弟太過天馬行空，他便負責把弟弟拉回地面。世人對華特的才華津津樂道，但要是沒有羅伊，「地球上最快樂的地方」就不會是今天這個樣子。

據了解，華特曾開玩笑表示：「要是沒有我哥，我發誓我已經因為跳票被關好幾次了。」*2

華特和羅伊最著名的衝突發生在《白雪公主與七矮人》(*Snow White and the Seven Dwarfs*)的最後編輯階段，這部片在《飄》(*Gone with the Wind*)問世之前一直是票房最高電影，但也被認為是那個時代成本最高電影之一(一九三七年上映)，並被戲稱為「迪士尼的蠢事」。這部片原本只有五十萬美元預算，但到最後階段已經燒了一百五十萬。兄弟倆能抵押的全拿去抵押了，能賣的也全賣了，包括房子、傢俱、藝術收藏品……，但他們仍然需要調整兩個順序，否則王子的身體在接吻場景中會一直閃動。他們已經破產，但這個步驟還得要再花費數千美元。

「就讓王子閃動吧！」羅伊告訴他們。*3

誰會知道這不是刻意設計的效果？但是，這個基於財務考量的決定使得電影中的關鍵場景變得更加神奇。因為預算所限而衍生的創意，甚至比迪士尼藝術家的創意更好。這部電影最初締造八百萬美元票房，並獲得奧斯卡獎。

羅伊和華特畢生都為了金錢和創意爆發許多衝突，在業界人盡皆知，但這種衝突反而帶來歷史上最偉大又兼顧收支平衡的創意。當構想透過創造性緊張局面達到去蕪存菁，幾乎總能打造出更好的產品。

當然，這種緊張只能在不破壞夥伴關係的情況下存在，因為華特和羅伊之間有無條件且充滿愛的空間。羅伊雖然大了華特有八歲之多，但兩人極為親近，甚至在簡陋的中西部家中共用一個房間。

「我們被迫睡在同一張床上。」羅伊多次回憶：「華特當時只是個小傢伙，總是尿床。從那時起，他就一直在我身上撒尿。」*4

羅伊為了幫助弟弟實現夢想傾盡所有，到處跟親友募資，因為他相信華特的眼光。比如一九二八年，他們需要一筆不算大的經費來支付《威利汽船》（*Steamboat Willie*）的額外音樂錄製費用，這部電影可以說是米奇（Mickey Mouse）和米妮（Minnie Mouse）的首次亮相。兄弟倆已經用盡一切辦法，但這並不是他們最後一次捉襟見肘。羅伊出售華特心愛的一九二六年款月球敞篷車，以支付增加的製作費；而弟弟這時則在紐約錄製原聲帶。想像一下，華特回家看到空蕩蕩的車庫，心情會是如何？然而他也沒有別的選擇，除了五千美元左右的製作費，他們還需要支付薪水及其他帳款。

羅伊賭上一切，因為他明白這部動畫短片將是劃時代創舉，它是第一部影像與聲音完全同步的動畫，字幕還設置了彈跳球來跟上節奏（大多數讀者這時應該還沒有出生，那是個有聲電影剛剛取代默片的年代）。然而動畫短片的製作過程充滿障礙和意外支出，這是全新技術，需要一些嘗試和除錯，有些畫師甚至不相信它會成功。

在添加最後的聲音之前，華特和羅伊為工作人員和家人舉辦了試映會，地點位於華特辦公室的隔壁。他們想確定這部片是否值得賭上所有財務風險。羅伊將電影放映機放在外面，隔著一扇窗子，這樣機器的運轉聲就不會干擾他們的即興音效。有人負責吹口琴，幾個人吹溜溜笛，外加敲打痰盂、鍋和碗。華特提供最起碼的對話、咕噥聲和笑聲。觀眾都看得如痴如醉。

創造性緊張局面

羅伊做了很多準備，不僅是要確保弟弟有充足經費實現計畫。他總是想得很遠，讓利潤最大化，並在法庭上保護弟弟的版權。羅伊打造了利潤豐厚的商品銷售業務，將米奇和其他人物授權給玩具、遊戲、書籍等，最終獲得超過一千億美元的年銷售額。華特則幫助哥哥發掘未來技術，如：彩色電影，當然還有狄士尼樂園那些瘋狂的遊樂設施。

但是，多年來，吝嗇的羅伊和夢想家華特也有過一些明顯衝突。用創造性緊張局面這幾個字來形容，恐怕還太過輕描淡寫。兩人愈成功、愈面臨緊要關頭，情況就愈糟糕。迪士尼一度拆成兩半，華特與動畫工作室分開，成立華特．艾利亞斯．迪士尼公司（Walter Elias Disney）（WED——幻想工程〔Imagineering〕前身），負責管理狄士尼樂園。由於擔心華特的分公司可能成為股東的問題，羅伊收購了它，讓弟弟重回工作室，卻導致了華特薪資的激烈爭論。據說，兩人一連大吵了三天。

幾個月後，由於華特的合約即將到期，這位聯合創始人面臨完全離開迪士尼的威脅，緊張的法律談判隨之展開，事情陷入僵局。但這時大哥受夠了，他走進會議室，對律師團宣布：「要不是華特，沒有一個人會坐在辦公室裡。你們的工作和利益都來自華特和他的貢獻，他應該得到比這個數字更好的待遇。」*5

他們達成協議，根據專門研究迪士尼的學者希歐多爾．金尼（Theodore Kinni）的說法，華特在羅伊生日時帶著原住民的和平菸斗出現。

「也許是因為他們曾經差點失去對方，羅伊和華特和解後似乎比以前更親密了，他們餘生都一起工作。」金尼寫道。*6

在安全之處提出不同意見

打造安全空間來進行這些討論需要領導力。例如，公司的行銷團隊想出很有創意的廣告活動，但遠遠超出預算——這種情況下便很容易因為大家對優先順序的看法不同而發生衝突，但其實不一定非要走到這種局面不可。在組織中，每位員工都需要知道主管在乎他們的想法；管理階層也有責任讓大家自在地提出不同意見——哪怕是反對老闆提的點子！

這種程度的信任不一定瞬間就能產生，所以在你參與之前，務必做一些基礎工作並建立章程。要確保每個人對優先事項都有共識，當討論轉向，任何人都可以把它導回優先事項上。即使同事們不能在達成目標的細節上意見一致，也都可以認同目標。

如果你要主持會議，不妨在開始時宣布，建設性衝突將被接受。讓他們知道，想法沒有好壞之分，每個人的意見都會得到尊重——儘管也會受到考驗。無論會議室裡發生什麼，最終都有更好的結果。與會者難免在過程中不高興，因為每個人都對自己的工作充滿熱情，但這是為了完成使命。我認識一位消費品牌的高階主管，經常問團隊：「有沒有人相信，單一意見可以打造出最好的結果？」當然，答案始終是否定的。

她用激勵人心的問題，讓部屬專心面對眼前任務。還會將團隊分成小組，稱為「分組會議」，以便讓不太主動或害羞的人自在地提出想法。她解釋道：「每個人都有自己的思維模式；你不能只讓A型人格的人佔上風，必須把安靜成員腦袋裡的東西挖出來，否則可能錯過大獎。」

創造性緊張局面需要透過情商來引導，如果有人因構想被打回票而生氣，開始大喊大叫，不妨就容許他們爆發——前提是他們仍會接受現實。也許他們只是需要睡一覺，給他們時間，而不是強迫他們立刻接受。讓他們心中的種子慢慢發芽吧！

正如華特和羅伊常常學到的教訓，受財務限制的創造力往往會產生更好的產品——而且比一開始的設計更有創意。生意壓力會刺激創造力，當某個構想達不到整體任務的要求時，為了盈利，每個人都會加倍努力。

在家人或配偶的意見分歧中採用這種處理方式也很有效。對任務達成共識後，讓每個人都提出想法、測試它們，容許各人以自己的速度找到解決方案。不過，萬一你的部門文化不歡迎不同想法，也從不挑戰現狀，那該怎麼辦？

答案很簡單：你可能會很慘。

不公平的環境

生活時時刻刻要面對權力不平衡。不管你喜不喜歡，在決定投入衝突之前，都應該先認清自己的地位。小時候，母親是我生活的主宰。就算我躲進地下室，她依然可以造就我或是毀了我，毫不誇張。在學校，老師是主宰。在酒吧工作時，在薪資支票上簽名的老闆握有權力。在工作場所，除非你就是老闆，否則周圍有許多人都可以決定你的日子好過還是難過。但即使當上老闆，也可能要對銀行或一些投資者負責。

不管你走到哪裡，往往會需要面對不公平的環境。正因如此，我一直想要做新節目《打敗老闆》（*Beat the Boss*）——採用菲爾博士的模式，在拍攝現場塞滿觀眾，逼迫經營不善的中小型企業主和員工正視問題。在《酒吧救援》中，經營不善的關鍵幾乎都源自有問題的老闆，他們自己擺爛，卻將問題怪罪到員工身上。沒有什麼比看到掌權者欺負或輕視屬下更令我憤怒，這個節目讓我有機會為弱勢群體發聲，讓他們有能力面對，而不是小心翼翼地避免衝突。

然而，除非你有像我這樣的人撐腰——一個願意深入了解真相並打臉濫用權力老闆的公正第三方，否則你將需要採取我在第三章討論的快速評估。正因如此，選擇戰場非常重要。在你對掌權者說出真相前（我完全贊成這麼做），必須決定好最終目標，並思考是否值得失去收入或職位，還有其損益比是多少。

或許局面不會走到這一步，在公司內部擁護者的協助下，如：導師或團隊主管，你或許可以藉由參與衝突，讓自己的想法得到正面結果。你與上司聯手解決的問題甚至可能拯救企業，或者讓深受其害的同事日子好過一點。但也可能沒有這麼好的結局，這時你將需要接受事實，打包走人。

新聞室的爭吵

露薏莎（Louisa）就願意這麼做。她在一個大型海外新聞辦公室已經工作十年，深深覺得自己受夠了。她厭倦這個地方充滿心機，出頭的往往是那些老謀深算的人，而不是製作開創性、調查性新聞的人，老派記者都被遠遠踢開。公司文化已經變質，現在高層唯一關心的就是點閱率和提出政治偏見，而不是公正揭露事實。

她原本可以在這家報社再待一段時間。儘管她討厭耍心機，但還有一、兩個想寫的故事，而且她喜歡這家機構的資源，願意為此暫時忍受那些討厭的事。然而，資淺編輯漢克（Hank）決定用未經證實的潤飾和主張來破壞她的一篇報導，這其實不是他第一次試圖凸顯編輯的重要性，但這次已經超出她所能忍受的極限。當他把文章退回，她圓滑地指出有問題的部分，引發了一場唇槍舌劍，而且愈來愈激烈。最後，她受夠了。

「好吧，漢克，如果你想用你的方式來報導，那也沒關係，把我的名字拿掉就可以了。」

「什麼？妳不能這樣做！」他在新聞室中央大喊：「這篇報導需要署名，而且文章本來就是妳寫的！」

「你不能用我的名字發表我不同意的內容，所以，漢克，現在這是你的報導了，寫上你的名字吧！事實上，你可以一直這麼幹下去。」

「妳竟敢對我說這種話！」他說：「我是妳的編輯！職位比妳高！」

這時，開放式新聞室裡的每個人都在看。漢克有恃無恐，開始指責她是「難搞的女人」、「不願意為團隊著想」。漢克以為，在大家面前拉開架勢就能讓露薏莎屈服，但他不知道她已經下定決心。

「抱歉，小夥子，你只是辦公桌上沒本事的小兵，連句子都不合文法，也沒有新聞判斷力，而且行事魯莽。還有，你的地位不比我高，因為我不幹了！」

這是贏得職場衝突的方法，反正已經沒有什麼好損失的了，而且，沒錯，你可以掌握最後的話語權。露薏莎之所以可以採取這種堅持原則的最後手段，是因為她已經考慮到可能發生的情況，幾個月來她一直在等它出現。她沒有機會去了解，這場衝突對報社的新聞品質有沒有幫助，或是記者同事在那種階級分明的環境中可能受到的待遇，但挺身捍衛自己的原則感覺確實不錯。

面對衝突時，我們都有選擇的權力，方式如下：**利用場合**、為建設性衝突打造安全空間；**認清你所在的食物鏈位置**；以及為了堅持立場甘願與重要人士起衝突時，你願意承擔的風險。認清自己的位置是另一種工具，能幫助你找到自身的定位。

然而，有個地方的衝突無法估算損益，也就是在**網路上**——**社群媒體的衝突毫無價值**，「躲在螢幕後面」給人一種錯誤的權能感——他們覺得自己有本事或資格傷害及消滅你，而匿名發揮保護作用，使他們不需要承擔任何後果。然後，局面會變得惡化，網路酸民會接棒攻擊。

何不徹底避免這種虛擬爭吵呢？你會希望自己的信念在ＩＧ、推特、臉書的同溫層被接受或扭曲嗎？在數位世界哩，哪怕事件再怎麼離奇曲折，都不是真實的。

如果你實在忍不住，解決酸民攻擊的最佳方案就是把大家都拉進來。如果有一群酸民不同意你說的某件事，就在社群媒體上招來其他人為你發聲。詢問他們的想法，讓討論變得熱烈，然後你自己退開，這樣就不會成為箭靶。如果你發現自己是被攻擊的焦點，不要道歉，也不要跳進去攪和。只需等待三十六小時，這群網路酸民就會自動轉移陣地。

這就是我二〇一六年參加《梅莉蒂絲．維埃拉秀》（*The Meredith Vieira Show*）後處理推特狂潮的方式，當時梅莉蒂絲要求我為她調一杯酒。

「知道嗎？我丈夫說我調的曼哈頓雞尾酒是世界上最難喝的。」我們從棚內沙發走去吧台，途中她告訴我。

問題是，她的製作人準備的是老式雞尾酒的材料，也就是他們最初通知我要調的雞尾酒。她一定是說錯了，但我不想在實況節目中糾正她，所以我盡力而為——曼哈頓雞尾酒的主要成分是苦艾酒，吧台裡沒有。

你不會相信社群媒體上出現的那些充滿仇恨的訊息。Reddit 上甚至冒出一個刺眼的標題：「《酒吧救援》的喬恩．塔弗調的曼哈頓雞尾酒世界難喝」。*7

我沒有回應，推特風暴在一天之內就消失。

網路衝突與社群媒體攻擊都不在本書討論範圍內。因為當人們隱身在螢幕後方，可以說任何不合邏輯的話，而不會有任何後果。不要理會那些話，它們不值得你浪費心力。只要讓我有這個榮幸面對面討論，我會很樂意隨時隨地與人交流。

塔弗工具包重點整理

❶ **選擇適合的環境。**預測衝突會如何進行，了解對方。尊重並理解環境，也尊重參與衝突的人。

❷ **對周圍環境要有高度認識。**人生難免會有衝突自動找上門的時候，即使當下環境不太理想。這時你需要注意周圍的環境和人，以及如果衝突白熱化可能帶來的後果。

❸ **群眾外包。**對的觀眾可以促進建設性交流。人們一旦發現自己正被別人觀察，往往會在處理衝突時更有建設性和責任感。

❹ **地點不一定是真實場所。**你可以打造一種心態，提高人們正面交流的可能性。故意創造條件——安全的空間，來允許建設性衝突。

❺ **了解你的位置。**認清自己在食物鏈的位置是另一種工具，幫助你找到自己的定位。

❻ **僅限當面交流。**社群媒體的衝突毫無價值，躲在螢幕後面給人一種錯誤的權能感——他們覺得自己有本事或資格傷害及消滅你，而匿名則發揮保護作用，讓他們不需要承擔任何後果。絕對不要陷入這種境地，不出幾天，網路酸民就會自動轉移陣地了。

09

成為橋樑

BE THE BRIDGE

強行激發衝突可以拉近人們的距離，不妨按照一些基本規則，
透過老派而良好的爭吵尋求治癒力……

Forcing conflict can bring people closer. Seek the healing power of a good old- fashioned dustup, with some ground rules..

胡安．帕布羅（Juan Pablo）的行為活像一條狗。他和妻子伊蒂絲（Edith）在加州橘郡（Orange County）經營「光酒廊」（La Luz Ultra Lounge），多年來一直虧損。他們有三個孩子，以及數千美元債務。就和其他經營不善的酒吧一樣，他們的生意問題不過是家庭破裂的表象。但胡安．帕布羅忙於拈花惹草，對妻子和孩子不屑一顧，也懶得去注意這些事。

我見到這對夫婦時，伊蒂絲正準備與胡安離婚。我不怪她。很明顯，他們的婚姻即將告吹。但我總覺得這段關係仍有挽回餘地，於是決定嘗試一下。我把伊蒂絲帶到車裡，讓她一起看節目前置作業的隱藏式攝影機——這是每一集的固定模式。我們看到胡安在酒吧裡，年輕美女走過去，問他已婚還是未婚，胡安回答：「這根手指沒有戴戒指。」

看到這種畫面實在令人痛苦，伊蒂絲完全失控，一邊啜泣一邊告訴我，丈夫晚上不回家，到處玩女人，把家族事業搞得一塌糊塗，害得孩子一無所有。

「伊蒂絲，聽我說。」我告訴她：「妳今晚走進酒吧時，必須讓丈夫明白一件事——日子不能再這樣下去，妳不會再容忍這種情況。而這是多年來第一次，有我在這裡，做妳的後盾。」

伊蒂絲點點頭，全身發顫，手裡還抓著離婚協議書。但她已經決定要繼續替他收爛攤子，就像她一直以來的做法，所以我還有些話要說。

「但是，如果他又存著僥倖心理，認為妳會如往常一樣縱容他，那麼他的行為就不會結束，妳明白嗎？妳必須進去，對他嚴正聲明，說妳受夠了！」

伊蒂絲跳下我的車，衝進酒吧，我緊跟在後面。她毫不遲疑地上前，甩了正在當眾調情的丈夫一耳光，接著拉開他的襯衫，把飲料、冰塊和所有東西倒在他的胸口。

胡安措手不及，只能大聲抗議，好像他才是無辜的受害者。我跳出來指責他是個傻瓜和騙子。他塊頭很大，但沒有向我撲來，所以我繼續數落，讓他面對自己這些年來，是如何惡搞自己、妻子、家庭和生意的。他無話可說，接著不尋常的事發生，他忽然流下真誠而悔恨的眼淚。

這一集結束時，胡安和伊蒂絲的婚姻正在修復。伊蒂絲撕掉離婚協議書，兩人開始像團隊一樣合作，互相尊重，處理被忽視的生意。拍攝進入尾聲時，胡安遞給我一封信，上面寫著：

你是我不曾擁有的父親，從來沒有人這樣對我說話。

這段婚姻正聲聲呼喚著衝突降臨。我對這個男人發出他一輩子都未遭受過的猛烈攻擊。我和伊蒂絲聯手，讓他以全新方式審視自己。這對夫婦的世界從此改觀，因為有人有勇氣與他對峙。這正是胡安．帕布羅迫切需要的真誠。

保持真實

在每一集《酒吧救援》中，那些一開始被我痛罵的人，到了結尾都會擁抱我，只有一集例外。我相信，這是因為他們渴望進行**真誠的對質**。他們需要有人說出真相，並督促他們負責。他們需要我成為這座橋樑，成為真誠交流的媒介，讓他們與所愛的人、生意夥伴和同事的關係更加密切。

當然，過程中也要注意尊重和尋找共通點等基本規則。你會嘗試激發衝突場面，可能是因為你對這個人非常關心。正因如此，最要緊的是不要讓對手逃脫。為了自己和與你發生衝突的人著想，你應該保持真實。做法如下：

解釋——不要抱怨。向對手抱怨這場衝突或他們的為人，可能會讓你有種發洩的快感，也緩解了心中的挫折感，但這不是解決衝突的制勝策略。抱怨不會為意見分歧創造任何價值，事實上，它會阻礙對手傾聽，使他們不願接受你的觀點。抱怨對衝突而言是多餘的，要儘快擺脫它，把注意力用在對的地方，也就是你的主旨上。唯有如此，才能讓對手接受你的觀點。通常我們是想要在為生活、商業或其他方面帶來益處的正面因素上贏得衝突，抱怨無法使你在衝突中獲勝，也不能獲得尊重。重點在於你為什麼是正確的……而不是不停強調他們為什麼是錯的。

跳過道歉。衝突是達到目的的工具。就其本身而言，正面積極的衝突不需要道歉。不要為你的原則或真實自我道歉；激情和信念也不需要道歉。只有憤怒需要道歉。有意義衝突（無論輸贏）的強大副產品是有機會展現自己的知識、誠信、目的、成熟、特質或長才。以信心和能力投入正面積極和有意義的衝突，即使不能改變別人的想法，也能建立尊重，並促進對彼此性格的了解。能懷著明確自信說出想法並投入明智、正面衝突的人，被認為強大、有進取心及貢獻良多。他們願意挺身而出，贏得尊重。

我的任務是打造適合開罵的條件，讓別人明白他們自我毀滅、狗屁不通的主張已造成了多大傷害。讓人即時面對真相是邁向成長重要的第一步，因為在這之前，在他們真正願意接受你的意見之前，爭論點往往已經鬱積多時。繼續放任不管的話，它將成為扼殺事業、毀掉婚姻、沖淡友誼或導致家庭功能不彰的毒瘤，使得兒女終身受累。因此，從各方面來看，強迫發生衝突是愛的行為。

當然，你需要慎重進行，不能只是引爆炸彈，然後坐等結果。就像大喊大叫是一種特定技巧，可以迫使對手清醒並面對事實——你必須結合各種衝突技巧，以打造適當條件，在彼此的鴻溝上架起一座橋。

願意投入衝突並集思廣益還不夠，你讀了那麼多塔弗衝突工具包，正適合在這裡派上用場。從策略性提高、降低音量到充分傾聽，再到尋找共通點，想要強制進行具有療癒功效的交流，需要大量的同理心和情商。

木棧道的憂傷

在拍攝《酒吧救援》第四季〈海灘老鼠〉（Beach Rats）這集節目時，就非常需要這種情商。當時我們去勘查了佛羅里達州好萊塢市木棧道上的餐酒館，它的名字是「大嘴鳥濱海酒吧與燒烤」（Toucan's Oceanside Bar and Grill），位於邁阿密以北約四十分鐘車程處。照理來說，這個地方應該是金礦。它位於寬闊的轉角地段，而且就在海灘上，每天有成千上萬遊客沿著木棧道散步，當地人稱這裡為「步行街」。附近各種場所都很熱鬧，但當大多數酒吧都在迎接人潮爆滿的歡樂時光，大嘴鳥卻完全沒有人。這個地方出了嚴重問題，原因絕對不是位置不好。我無法想像這種店為什麼會失敗。

我沒有派人進去，而是決定親自去勘查。我和團隊——廚師尼克．萊伯列托（Nick Liberato）及調酒師凱爾．莫卡多（Kyle Mercado）——一起進店，點了酒單上每一種飲料。儘管我們是店裡唯一的客人，卻仍很難引起調酒師卡莉（Kali）的注意。她拖了很久才過來，甚至沒帶寫字板，無法記錄我們點的酒。她好像很惱火，因為客人打擾了她。她端酒過來，很明顯某些雞尾酒的調製完全憑猜測。更糟糕的是食物。我們點了一些烤牡蠣，你會以為海邊可以吃到品質不錯的牡蠣，但整道菜充滿烤肉醬和砂礫，完全不能吃。

我想如果多些客人可能會幫助他們振作起來，所以從木棧道上召集了大約六十人，給店家賺點錢的機會。老闆欠下大約二十五萬美元的債務，退休儲蓄已經全部投進這家店，但每個月還會增加大約八千美元損失。如果不能再度創造持續的現金收入，他們再過五個月可能就得關門。可惜這次實驗宣告失敗——大嘴鳥酒吧的員工疲於奔命，卡莉甚至應付不了客人點的調酒，最後不小心把價值二千美元的酒端了出去。廚師羅根（Logan）也離開工作崗位。我們發現廚房布滿油漬和污垢、酒瓶裡有蟲、啤酒的龍頭旁有黑霉。這些都是嚴重違反法規的情形，我不得不關閉這個地方。

在這種情況下，我通常會走開。我不能投入食物和飲料可能害人生病的生意，這對我的職業聲譽來說風險太大。但是，根據我對兩位老闆傑米．霍克斯（Jamie Hawkes）和他的多年好友約翰．法蘭克（John Franke）所做的觀察，我認為這裡的問題不是漠不關心和缺乏領導力那麼簡單。他們十年前從新澤西州（New Jersey）來這裡開店，初期風光過好一陣子。他們甚至挺過兩次破壞力超強的大颶風，每次重建後都變得更好、更穩固。那麼到底發生了什麼事？他們的員工很差勁、毫不積極，其中必有緣故。我需要深入調查，找出問題根源。

我提出條件，如果他們願意徹底清潔，那麼我三天後會再次嘗試。尼克和凱爾重新規劃菜單和雞尾酒單，也培訓並激勵員工。這一次，我們找了一百二十位顧客。店裡熱鬧無比，但孩子們都能應付顧客的需求，也做得很好。我很高興，不料尼克在廚房工作時感覺到兩腿之間有小腳在竄動，赫然發現這家店竟然……有老鼠出沒！

我們再次關閉了店家。我揪住傑米的衣領，告訴他：「這是你的問題，你沒有聽說過企業責任嗎？」

老鼠是熱帶氣候中眾所周知的危害，這條木棧道的鼠害又特別嚴重，老闆們都必須花錢定期滅鼠，特別是提供飲食的場所。這個地方老鼠為患，正足以證明他擺爛到極點。

「我今年很難熬。」傑米告訴我。

「那又怎樣？」我回答：「我也一樣，遇到許多和你一樣的問題。」

「你有兒子死掉嗎？」他問我。

終於找到了，問題根源就在這裡。傑米陷入悲傷深淵，影響周遭所有人事物，但他一直找不到出路。

「他叫什麼名字？」我問他。

「傑米。」他告訴我，從襯衫下拉出一條繫著兩塊名牌的鏈子，其中一塊有心愛兒子的照片，另一塊寫著「永誌不渝」。

詹姆斯．霍克斯四世（James Hawkes IV）（小名也叫傑米）在當時不到一年前的二〇一三年十二月被謀殺。他一直住在俄勒岡州的獨立城（Independence），並擔任波爾克郡（Polk County）警察局緝毒隊的線人，從事臥底工作。兩個毒販不知何故發現他在為警方工作，將他活活打死，屍體在墓地附近被發現。我對失去並不陌生，但沒有經歷過這樣的失去。身為父母，我無法想像失去孩子的感覺，尤其是這麼突然、殘酷和不公平的方式，難怪這個地方活像少了靈魂。

傑米的應對方式是投入生意，但做法有問題。他滿腔怒火、無法專注，對員工朝令夕改，只要他們聽不懂就會挨罵。他以同樣方式對待夥伴，他們曾經是最好的朋友，現在已經不講話了。兩人輪流顧店十八小時，王不見王，要是一起工作，總是互相謾罵。在傑米的兒子去世之前，他們早已因為長時間工作和壓力而筋疲力盡——以致妻子都已離開。但自從悲劇發生後，局面更加惡化，生意愈來愈差，兩位老闆也愈來愈討厭對方。

我必須設法修補兩人的關係，如果這對老朋友不能把事情做好，不能重新組成團隊，我為振興酒吧所做的努力都將白費。不但生意肯定會失敗，在他們為這家店傾盡所有後，傑米和約翰仍然會破產，而且孤身一人。

第二天早上，我把兩人找來酒吧。

「我知道你很不願意談這件事，也知道他雖然不是你兒子，但你也想念他，是不是？」我問約翰。

「每天都想念。」他說：「事情發生時，每個人的心都死了一部分。」

「這使得你面對傑米的方式有點不一樣，是嗎？」

「我想是的。」

「我希望你們能像以前一樣溝通。約翰，你需要對傑米說什麼才能展開新的局面？」

「唔，我只能說，我們需要立刻重新開始。這是新的一天，如果能更緊密合作、站在同一陣線，一定會有百分之百的幫助。」

我要的就是這個。約翰提出解決方案，現在我必須讓傑米**想要**迎接新的一天。

「看看你們已經失去多少。」我告訴他們：「如果你們也失去對方，這家店就到此為止了，不是嗎？」

他們點頭表示同意，彼此都知道生意岌岌可危。

「傑米，這裡有個很難回答的問題得要問你。你的哀痛何時才能結束，生活何時才能重新開始？」

他哭起來，約翰和我也跟著哭了。

「你可以有全新的事業和未來……現在不正是從緬懷中重新振作的好時機嗎？」我問傑米。

「是的。」他說，他拚命想要把眼淚逼回去，幾乎開不了口。

「總比一直困在緬懷中好吧？」

「是的！」他回答，這次更加堅定。然後，他抬起頭，低聲說：「我希望他可以坐在那裡說『我們辦到了！』而且，傑米，我希望你能安息……。」

「告訴他現在該怎麼做。」我說：「你需要說出來，而他需要聽到。」

「要繼續前進……要繼續前進……。」他說著，把臉埋進掌中，開始啜泣：「天啊，真他媽的痛！」

這時整個攝製組都大哭起來，這是節目有史以來最令人動容的一刻，也是最讓人欣慰的一刻。一旦設法讓這位喪子的父親認清痛苦對自己和他人造成的影響，局面立刻改變。我們讓他明白自己並不孤單，而其他人也一樣悲痛，這是正面改變的另一種催化劑。你可以感到酒吧氣氛不再那麼沉重了。

我們按慣例為這家店進行大改造，把它重新命名為「邦尼和瑞德的大嘴鳥巢穴」（Bonny and Read's Toucan Hideout），以紀念兩位曾經窩藏在南佛羅里達州一帶的女海盜。顧客開始蜂擁而至，收入大有起色。但真正的轉變是傑米以及他和約翰的夥伴關係，或者該說是兄弟關係。

這就是衝突帶來的療癒力。當你逼迫某人面對真相，可以讓他們敞開心胸、接受改變，但這需要以最謹慎的方式進行。如果你看過這一集就會發現，我從來沒有對兩位老闆吼過，而是一反常態地低調，因為我對傑米的做法是溫和地引導他走出漆黑深淵，這無法靠大吼達到目的。我想成為那座橋樑，幫助他的心態從悲痛跨越到有活下去的動力。

具有淨化作用的衝突

在許多情況下，如果不願進行艱難的對話，就不可能繼續前進。這些具有淨化作用的衝突可以挽救企業、人際關係和生命。一個社會如果沒有這些公開和真誠的對話，我們就會沉淪；個人若不願意面對衝突，就會陷入不利的心態和行為中。

進行這類對話，說出一些令人不舒服的真相，能幫助釐清並理解情況，或者讓衝突告一段落。你必須強迫自己這麼做，或者至少找到願意為你做這件事的人。

潘蜜拉・史萊頓（Pamela Slaton）是家系學專家，她的工作是為曾經被棄養的人尋找原生家庭，以及為曾經棄養孩子的人找到收養家庭。在找到對方後往往會促使雙方團圓，因此她會定期進行這類對話。

潘蜜拉必須透過多項證據和官方紀錄確認並追查客戶的親生父母，然後打電話連絡他們。只有她有十足把握，確信對話另一方是客戶的母親、父親、孩子或兄弟姊妹，她才會拿起話筒。

但潘蜜拉也意識到，她所接觸的人不一定對這通電話有心理準備，這很可能會引發各種舊日創傷。生母常常感到內疚，某些人也害怕現在的配偶或家人發現，多年前生下的孩子，如今有機會重回他們身邊，這個事實會挖出埋藏已久的痛苦、羞愧和心碎。許多收養事件發生在很多年前，當時的未婚媽媽一出現產兆就會躲去另一個城市生產，以便保密。

潘蜜拉總會站在生母的立場，告訴她們：「我知道這通電話出乎您的預料，但我正在幫一個人尋找家人。目前這個人已經做了基因鑑定，我想跟您談談。」

沉默幾秒後，對方要不震驚或否認，要不鬆一口氣，覺得自己終於等到這一天。她會特別注意他們的語氣，以判斷「我是要安慰人還是要做壞蛋」。

「如果您沒辦法和那個人相認，目前的家人也都不知道這件事，我能體諒您生這個孩子遭受的恥辱以及當下的時代背景。」她告訴那些生母：「我自己也是被收養的小孩。」

如果生母不願意面對，她會鼓勵對方至少利用這次機會，祝福親生孩子一切順利。

「請跟孩子談一談，讓孩子對您的最後記憶是這些慈祥的話。」她建議：「讓孩子有機會感謝您賦予他們生命，不過就是聊一下，有什麼壞處呢？」

一旦這些人有機會理解這個消息，通常會回心轉意，但也並非總是如此。潘蜜拉努力促成這類談話，是因為她知道這會讓雙方的生活在某種程度上獲得改善，無論是減輕親生父母的內疚這種深刻改變，還是僅僅讓客戶了解家族疾病史。有時候，當事人原本並不渴望與對方連絡，因為父母或孩子從不相信自己找得到對方。然而有時則不然。

曾有一位愛爾蘭老太太一直否認潘蜜拉所說的話。

「嘿，我可以理解。」潘蜜拉告訴她：「您現在很驚慌，因為還沒有從震驚中恢復過來。但我要說的是，紀錄會重啟是因為律師介入。現在還處於保密及可控階段，可是一旦法院介入，我要告訴您會有什麼結果……。」

幾天後，老太太惱火地回電。

「是的，好吧，我就是她母親。現在怎麼辦？」

女兒連絡她，兩人在紐約的飯店見面，共進午餐。她們聊了三小時後，客戶連絡潘蜜拉，表示不喜歡生母，老太太只顧說自己的事。很明顯，她跟女兒見面只是為了講她的故事，以便女兒不再糾纏並主動離開。但這種自私的態度也是一種恩賜。客戶很感謝生母將她交給別人收養，於是也更加感謝養母。

潘蜜拉解釋道：「至少她們得到某種意義上的結束。」

一位穆斯林母親找回了一直渴望但不敢相信的關係。由於如果丈夫的家族知道她有非婚生子女，她可能會被毀掉、逐出家門，甚至更糟。她原先一直強硬地否認，直到潘蜜拉改變策略，對她說：「那麼請教一下：您有沒有想過這個女兒？」

這位婦女開始啜泣：「我沒有一天不想她。」

「那麼幫我一個忙，讓我幫您想辦法。」

她申請了一個郵政信箱，這對母女從此成為筆友。

另一位母親年輕時遭到毆打和性侵，之後放棄了孩子，當潘蜜拉與她進行最困難的對話時，療癒傷痛是首要目標。由於不確定對方想起生命中的可怕遭遇會有何種反應，潘蜜拉首先致電對方的姊姊，再由姊姊向妹妹提起，最後妹妹表示想要直接與潘蜜拉交談。當她接起電話時，對方的第一句話就是：「我一直認為這一天會到來。」

「我希望並祈禱您能考量這個事實：您的親生兒子是無辜的。」潘蜜拉告訴她：「他雖然是罪行的產物，但我堅信他註定要誕生在這個世界上。」

「我非常同意。」這位婦女回答：「我每一年都會想起他。雖然害怕，但我還是很想和他談一談。」

潘蜜拉推土機

有個重點必須澄清，這類互動激起的不僅僅是心痛。一些人認為尋親對他們而言是冒犯，為此勃然大怒，把所有恐懼和怨恨投射到潘蜜拉這個傳話人身上。潘蜜拉為了促成這類對話，曾經挨告甚至收到死亡威脅，一個男人寄給她一連串憤怒的電子郵件。

他寫道：「我一定會逮到妳。」

但潘蜜拉從不膽怯，依舊不屈不撓。

她對一位不情願的生父說：「請想一想，在這種情況下，我該怎麼跟對方說明。您希望我說您不在乎，也從未想過這個人？這真的是您心中的想法嗎？還是我們可以達成某種協議，以正面方式結束這件事？」

對潘蜜拉來說，基因鑑定這個鐵證可以幫助人們面對現實。為了證明一位先生是三位年輕女性的生父，潘蜜拉戰勝了重重阻礙，他終於同意與她們見面。但就在會面前一分鐘，他忽然打退堂鼓，聲稱他不知道自己是不是她們的父親。他不想面對自己年少時期的放蕩生活，也不想面對後代可能指責他是個沒用的人，所以他死咬著「真相不明」這一點。

女孩們心碎了，潘蜜拉也很惱火。經過多次嘗試，她終於說服他進行基因鑑定，「以防萬一」。當然，結果顯示他就是她們的父親，四人終於順利重逢。

「我負責把證據送到他們眼前，」潘蜜拉開玩笑：「我就是一輛推土機。」

她自己的收養故事沒有同樣滿意的結局，反而是痛苦的開始。在成長過程中，她一直想像生母的樣子。她有一對愛她的養父母，而她也很感激生母露西爾（Lucille），畢竟生母當時只有十幾歲，有勇氣和能力為她找到好的收養家庭已經非常不容易。少女時期，潘蜜拉曾多次嘗試尋找她，但都沒有成功。她婚後懷了頭一胎，尋找生母的衝動變得更加強烈，因為她渴望更了解長子的血統。她再次展開調查，家譜很快就被拼湊起來。她找到露西爾的號碼，打電話過去。

「沒錯，確實，我是妳母親。」露西爾告訴她，口氣非常酸，簡直可以腐蝕油漆：「猜猜怎麼回事，妳父親就是**我**父親，不要再打電話來了！」

潘蜜拉受到極大的打擊。那一次通話後，她得了恐慌症，持續好幾個月。露西爾的殘忍讓她開始質疑自己的一切，但也激發她的創業靈感，她發現自己是天生的偵探，於是展開了尋人事業。她決心證明露西爾是錯的，打算找出真正的生父（事實也證明並不是祖父）。她相信，為他人營造正面的團聚，他們的快樂可以治癒她的傷痛——她的看法果然都是正確的。

大約二十五年後，露西爾突然敲響潘蜜拉的前門。潘蜜拉與高大的金髮藍眼女人面對面，看起來和她自己的老年版本一模一樣。一想到要面對為她帶來強烈痛苦的女人，她就渾身發抖，但她還是把老太太請進屋裡。接下來的七個小時裡，兩人一起坐在潘蜜拉的後院，分享彼此的生活，大笑、哭泣和咒罵。潘蜜拉終於等到這個機會，她告訴露西爾自己多麼委屈，讓露西爾也有機會解釋。過程並不完美，但為寬恕預先鋪好了路。「隔天我醒來時感覺輕鬆多了。」潘蜜拉回憶：「雖然我必須等這麼久（第十章會詳細討論這一點），但困擾我一生的衝突終於解決。」

那次談話進一步證實，即使是最困難、最痛苦的互動也值得發生。在潘蜜拉的生意中尤其如此，對她的客戶來說，衝突是透過人類對於自身身分的最基本問題：「自己如何來到世上？」來解決的。

「人不一定會在最好的情況下被孕育。」潘蜜拉與我分享：「不管是因性侵、亂倫、被忽視還是被遺棄而生下孩子，其親生父母所背負的恥辱，孩子也同樣背負著。任何一方都不希望成為痛苦根源或被怨恨的對象，任何親子關係都不應該被推進家庭罪惡的深淵中。」

正因如此，潘蜜拉全心為客戶打造建設性衝突，幫助他們明白，那樣的出身背景不是他們的錯，他們也不需要對親生父母年輕時期的行為負責。在找到另一方並重新連絡之前，她不會放棄，因為她深知這對每位當事人來說都是一種淨化作用。如果過程中難免激怒某人，那也沒有辦法。

潘蜜拉如此告訴我：「你必須當那個壞蛋，有膽量激發這類對話。這正是我來到這個世界的使命。」

令人苦惱的收購案

迫使衝突展開不僅對個人關係有益，在其他方面也有好處。投入艱難對話的意願可以決定企業成敗，有時還關係到數十億美元的利益。

不妨想一想那些失敗的併購案吧。

根據大多數研究，高達九〇％的企業收購都會失敗[*1]，因而損失數十億美元的生產力和機會成本，更不用說工作機會。這些失敗的主要原因，往往是沒有能力整合公司文化，特別是跨國收購的情況。

由於管理層不僅要融合不同的企業內部文化，還要處理各種國籍、語言和文化規範。結果便造成了一連串文化衝突，導致缺乏信任。一旦不能良性溝通，也就無法超越錯誤的假設、挫折和不滿，最後便會走到了不能克服差異的地步。

但在許多情況下，文化衝突或許可以避免。如果收購高層用心促進良性溝通，讓每一方都有發言機會，並且公開解決問題，那麼許多併購案可能已經成功了。

亦敵亦友的開國元勳*2

你是否以為美國當初制定憲法時沒有發生衝突？不妨再想一想，兩位主要倡議者約翰．亞當斯（John Adams）和湯瑪斯．傑佛遜（Thomas Jefferson）可是死對頭。他們雖然都聰明機智、英勇無畏，但個性截然不同，甚至到了互相憎恨的地步，這種敵意使得那張神聖羊皮紙上的每一句話都成為爭論焦點。簡單來說，亞當斯是聯邦主義者，他認為剛誕生的美國應該中央集權，以加強和維繫整個聯邦。傑佛遜則希望限制聯邦權力，以防止又一個君主政治。

激烈的分歧導致一些難聽的辱罵。在一八〇〇年選舉期間，傑佛遜一度稱亞當斯是「可怕的雌雄同體」。亞當斯陣營中有一個人，也許就是亞當斯本人，稱傑佛遜是「卑鄙、低級的傢伙」。

然而，他們依舊設法消弭了敵意，這番衝突造就人類史上最偉大的文獻，其中包括「權利法案」（Bill of Rights），它在傑佛遜和詹姆斯．門羅（James Monroe）的強力遊說下臨時加進議程。我相信，如果沒有這種衝突，美國憲法就不會有這些細微差異並保持平衡，它所包含的法條和權利也不會如此雋永。思想的多樣性及樂意持續爭取，使得這份文獻成為全人類的共同資產。顯然，傑佛遜和亞當斯也這麼認為。他們鬧了十幾年不和，然而有一天亞當斯寫信告訴傑佛遜：「在我們向對方表明原則之前，你和我都不應該死掉。」他們一直保持連絡，直到一八二六年七月四日，也就是美國獨立整整五十年後，兩人在幾個小時內相繼辭世。

就算是最小的誤解也可能導致工作團隊徹底擺爛。我在一九八〇年代晚期擔任「假日飯店」（Holiday Inn）顧問，這家連鎖飯店剛被英國消費集團巴斯（Bass）收購，士氣相當低落。當時總部設在亞特蘭大，美國員工得到一份命令，要他們在來訪的英國高層面前舉止合宜，包括：穿白襯衫、只穿繫帶鞋、不可穿平底便鞋⋯⋯。你能想像嗎？你剛剛收購一家公司，前往它所在的國家和總部，卻要求當地員工改變穿著方式？這不僅是一種侮辱，而且是奇怪的文化帝國主義。為此，各團隊的整合變得非常困難，更不用說保持順暢溝通。那次特別的併購歷經十年坎坷，直到假日飯店再次獲利。

現在想像一下融合東方和西方文化有多麼困難，兩邊的準則可能天差地遠，就連「天空的顏色」這種小事都找不到共識。我在為「喜來登飯店」（Sheraton）的亞太分部工作時，曾經參加亞洲管理培訓課程，期間體驗到如此嚴重的脫節。我明白日本文化傾向於規避風險，做人則忌諱過度自信。他們經常因為尷尬而微笑，若是不得不給別人負面意見，或者對別人說「不」，他們就會感到痛苦。

身為氣勢驚人、斬釘截鐵而且直言不諱的美國人，我原本會陷入災難，永遠不知道我的立場，也不知道我可能得罪同行。但是，我對這個文化的新發現，幫助我調整了做法，甚至在與人交談時微微鞠躬，因為我明白以外在行為表示尊重的重要性。這些姿態和手勢看起來或許沒什麼，但如果我不認清文化差異並採取行動，就會造成日本人一定程度的抗拒，我的建議便不可能以我希望的方式被聽進去。如此一來，非但無法促成任何艱難的對話，他們一看到我就會跑去山上躲起來。

當東方遇見西方

你在第七章「傾聽得勝」讀到的尤蘭達．康耶絲，對於成為這道橋樑的挑戰非常熟悉。她是聯想和IBM融合職場文化的關鍵人物。兩家代表性企業留下的員工對併購都很反感，而且抗拒改變。聯想的中國高層一直在力求突破，他們學習英語、開英語會議，並接受美國文化洗禮。全球高階團隊的成員也進行交流，前往紐約白原市（White Plains）的IBM總部協調，跳脫原先的舒適區。儘管如此，仍有很多衝突需要解決。

尤蘭達很快掌握到，分歧主要來自中國同事不願意在會議上發言。這並不是說他們沒有意見，而是「公開表示反對」在那裡被認為是非常不尊重人的行為。在中國文化中，廣義地來說，「面子」就是等同於尊重、榮譽和社會地位的概念，而不尊重的行為會導致某人「丟臉」。一旦發生這種情況，不滿的情緒將妨礙健康的衝突。尤蘭達採用一些簡單技巧，幫助聯想的傳統員工勇敢發聲，而不用擔心會冒犯別人。

首先，她會掃視一遍會議室，從最沉默的人身上尋找值得關切的跡象，如：皺起的眉頭、交疊的雙臂或移開的視線。然後，她以鼓勵的方式呼喚某個人。

「愛莉絲（Alice），」假設有中國同事取這個英文名字，尤蘭達可能會這樣喊她：「我們真的很重視妳在這方面的專業知識，請分享妳對甲乙兩項製程遷往廣州的看法。妳是否同意，或者預見到任何困難？」（再說一次，這只是假設。）

邀請愛麗絲以這種方式來表達想法，可以減輕一些壓力。

「在學校裡，中國的孩子被教導要謙虛，在談話中率先發言是種傲慢。」尤蘭達向我解釋：「你永遠不想表現得像個萬事通。」

現在愛莉絲可以開口說話了，因為主管對她提出**要求**，而不是她**選擇**插嘴。她可以自由分享心中真正的想法，因為尤蘭達和善地邀請她這樣做。一旦愛莉絲開口，就等於為其他人預先鋪下了發表個人意見的道路，於是他們便能針對一些潛在缺陷進行真誠的討論——本來IBM的新同事很可能永遠不會知道這些缺陷。

聯想多年來都透過學習和對話縮小文化鴻溝。他們知道再小的事可能都會引發不滿或誤解，從而導致失控。即使是負責調度的人員因為不懂文化差異，以致在國定假日安排了工作，也會惹得大家不高興。調到北京的西方高層必須學習筷子禮儀，並配合飲用高純度白酒，以建立與當地同事的友誼和信任。兩家公司合併後，調到北卡羅萊納州羅利市（Raleigh）新總部的中國同事則與美國同事一起觀賞體育賽事，並參加燒烤活動。

每個人都在努力，但通往相互理解的道路非常陡峭，需要不斷攀爬。從義大利到巴西，再到中國和東亞其他地區的主要辦公室，每次會議都需要尤蘭達的獨特敏感性和外交手腕。她是文化調解員，促使人們進行艱難的對話，確保每個人都參與其中，以便做出明智決策。

「領導人需要學習跨越不同文化，無論是來自本國還是世界其他地區。」尤蘭達告訴我：「如果人們不花時間去尋找及了解不同文化，最終會錯過互相交談的機會，並錯失重要觀點和新知，但這些正是多樣性的可貴之處。」

這並不意味著未來不會有衝突，或者文化誤解永遠不會發生。但無論局面多麼難以解決，他們都有明智的方法來啟動對話。尤蘭達和團隊開發了一個會議系統，讓大家都有發言機會，而不是單一成員或小組掌握全場發言權。他們還設計了一套「中西合璧」培訓課程，教導員工溝通、管理衝突並討論彼此的差異。

每個人都能有自己的意見，也可以開創發言機會，為艱難但富有成效的對話打下基礎，而不是任由溝通破裂。正因如此，聯想締造了跨國併購的歷史——這是東西方文化第一次成功融合。這個科技巨頭現在是全球財富五百大企業，後來又收購其他幾家大型電腦和電子公司，包括摩托羅拉（Motorola）和日本的富士通。就在我撰寫本書之際，聯想正享受急速成長，收入達到驚人的六百億美元。

尤蘭達已經愉快地退休，回到在德州（Texas）的家，而且為下一趟家庭旅遊帶回大量的飛行累積里程。隨著全球高階團隊建立，跨職能和跨文化的艱難對話得以持續進行，她擔任橋樑建造者的工作已經完成。

塔弗工具包重點整理

❶ **保持真實。**與他們即時對峙，不要讓他們逃脫。在他們真正願意接受你的意見之前，爭論點往往已經鬱積多時。要明白一個道理——從各方面看來，強迫發生衝突是愛的行為。

❷ **不要道歉。**還要再明白一個道理——針對問題強迫進行公開和真誠的對話，對每個人都有好處。永遠不要為你的信念道歉。此外，建設性衝突是讓雙方達到更好狀態的一種手段。

❸ **要溫和進行。**當你逼迫某人面對真相，可以讓他們敞開心胸、接受改變，但這需要以最謹慎的方式進行。想要強制進行具有療癒功效的交流，需要大量同理心和情商。

❹ **提出確鑿的證據。**白紙黑字的事實極不容易逃避。讓事實甚至是中立的第三方幫你說出一些令人不舒服的真相，可以釐清並理解情況，或者讓衝突告一段落。

❺ **適應不同的溝通方式，**特別是當對方來自不同文化時。如果不能認清文化差異並採取行動，就會造成對方一定程度的抗拒，你的建議便不可能以你希望的方式被聽進去。

❻ **預先鋪路。**讓對方沒有負擔地開口來啟動對話。從面部表情和肢體語言來觀察他們是否有話要說，然後以鼓勵的方式讓他們說出來。千萬不要任由他們退縮，擔任橋樑最重要的是讓每個人都能走到橋的另一邊。

10

做好長期準備

PREPARE FOR THE LONG HAUL

在你贏得戰爭之前，可能要打很多場仗。
耐心和按部就班是勝利關鍵。

You may have to fight many battles before you win the war.
Patience and class are your keys to victory.

香港商業顧問孫理查（Richard Suen）擁有特別門路，他所認識的中國官員掌握了發放澳門賭場許可證的權力。澳門是葡萄牙的前殖民地，現在是國際博奕中心，被稱為「東方的拉斯維加斯」。

二〇〇一年，早在其他人察覺之前，他就聽說中國政府正考慮向美國賭場開放這個特別行政區的博奕業。理查與朋友分享了這個消息，對方是已故拉斯維加斯金沙集團（Las Vegas Sands Corporation, LVS）老闆謝爾登·阿德爾森（Sheldon Adelson）的兄弟。阿德爾森先生和其他賭場經營者一樣，渴望在澳門這個尚未開發、利潤豐厚的市場立足，便讓理查安排重要會議以實現目標。

二〇〇二年，透過理查牽線，金沙集團獲得中國當局許可，在中國南方海岸商機蓬勃的土地上開設第一家賭場「澳門金沙」，隔著珠江三角洲遙望香港。金沙集團承諾的報酬是五百萬美元「成功費」，以及在許可證二十年效期內賭場收益的二%。許可證於二〇二二年到期，屆時金沙集團預計將獲得一百七十一億美元的利潤。阿德爾森在第一年就賺回二·六五億美元的投資。但猜猜怎麼了？理查什麼也沒拿到。

為了獲取應得的利益，一開始理查嘗試各種可行辦法，包括試圖喚醒阿德爾森的良知。阿德爾森身為西方人，如果當初只靠自己，想要在中國從事博奕業，絕對不可能成功。是理查動用了幾個重要人脈，並花了一年多的時間和精力擔任中間人，才讓阿德爾森順利與中國政府高層進行面對面會談。但是，他和阿德爾森沒有簽訂合約，整個交易建立在中國人所謂的「關係」之上——這是在那裡備受重視的榮譽、互惠和承諾準則。

這種社交人脈和影響力的體系遠遠超出我們西方人所理解的人際網路。在中國文化做生意，它是不可或缺的要素，個人信任相當於商業交易的貨幣，往往費時多年才能建立。總之，「關係」就是相互尊重與對待，這始終是理查奉行的原則。但阿德爾森對它嗤之以鼻，還嘲笑理查的貢獻「毫無用處」。理查無法善罷甘休，這種反應不僅是對理查的侮辱，也是對他所屬文化的侮辱。

理查一次又一次被告知要忘記這件事——放棄吧，這是一場不可能獲勝的大衛和歌利亞之戰[1]。一些人警告他，內華達州（Nevada）法官不會支持外人，而且法律圈會團結一致，保護自己人。

「你可以繼續，」人們告訴他：「但你永遠贏不了那個人，他很愛打官司，只會不停把錢花在這件事上。他寧願破產也不想輸給你，現在停手還可以減少損失！」

但理查積極尋覓律師——還得是個好律師。他最終找到約翰．奧馬利（John O'Malley），這位律師的公司曾與阿德爾森打過官司。奧馬利表示，他信任理查，不管需要多久時間，他們都會並肩作戰。

1 譯註：出自《舊約聖經．撒母耳記上》，身形矮小瘦弱的以色列人大衛憑著對上帝的堅定信仰，與非利士最高大勇猛的戰士歌利亞對決並獲勝。

堅忍不拔

我想，他們都沒有預料到，這件事竟花了十五年，並經歷三次審判。陪審團始終支持原告，理查每次都贏，包括二〇〇八年的違約裁決，判給了他四千四百萬美元。二〇一三年，金沙集團上訴失敗，必須償付理查七千萬美元，但這些錢從未被支付。阿德爾森不斷上訴，希望內華達州最高法院出現一位對他友好的法官，並以全新方式看待證據。看起來這個案子會在司法體系中循環，永遠沒完沒了。

在第三次審判中，法官維持之前對理查有利的判決，但推翻了賠償金額。律師對這個不尋常裁決都搖頭嘆息，事情又回到原點。根據理查與金沙集團的最初協議，他累積未領的款項已經多達三．四六九億美元，包括利息。金沙的律師團說，只願意給三百七十六萬美元，一分錢都不會多。接下來出現了神秘轉折，在第三次庭審隔天，阿德爾森的律師團忽然大發慈悲，以未公開的金額提出和解，數目可能落在兩筆款項之間的某個地方，而且他們決定不再上訴——理查和律師終於打贏官司。

我問理查，這些年在香港的家和拉斯維加斯之間來回奔波是否值得，這段距離多達七千多英里，橫跨十五個時區。

「我從來不曾考慮放棄。」他告訴我：「在這段長達十五年的冒險歷程中，我從來沒有被放棄的念頭困擾。我對律師有信心、對我自己有信心，我們為了正義挺身而出，這顆初心我不曾懷疑。」

沒錯，這是一場任何人都難以想像的漫長競賽。撇開阿德爾森的頑強不談，拉斯維加斯法院因為被過時的案件淹沒，所以案子進展得非常緩慢。但是，理查把生活分為兩部分，不在拉斯維加斯時，他繼續經營原來的生意，過原來的生活；而待在拉斯維加斯時，他在遠離家人的飯店房間裡住上幾個星期。遇到不需要出庭的日子，他就看看表演、讀書，與律師團一起享受美食，或者開車穿越沙漠，參觀胡佛水壩（Hoover Dam）等景點，或在紅岩峽谷（Red Rock Canyon）散步。

必要時他會全心全力投入戰鬥，但也趁著兩次開庭中間的空檔休息和充電。他從不對對手糾結，他認為那傢伙「比他低等」，不值得他怨恨或生氣。對他來說，與企業惡霸作戰就和早上起床去工作一樣。

「我意志堅決、堅忍不拔，為出庭作證和審判做好萬全準備。但是，不出庭時，我就把整件事束之高閣。」

理查從未感到孤獨，這對他很有幫助。那時，他常與奧馬利來往，他的律師夥伴週末常留在拉斯維加斯，陪伴這位已經變成好友的客戶，而不是回洛杉磯陪家人。最後一次開庭時，理查已經搞不清楚自己為誰感到高興——是為自己還是奧馬利，這位律師對本案的信心終於得到回報。

「和解金並不是我們應得的全額，但也很可觀。結案後，約翰與我開車回到洛杉磯，他把文件歸檔並辦理退休。他的職業生涯能在極致成就中光榮結束，感覺很棒，完完全全證明了他的能力與價值。」

理查和律師團表現出超乎尋常的耐力。大多數人投入衝突時都希望看到解決方案，也就是當下就要獲勝，但現實不一定如意。一些最偉大的勝利需要堅忍不拔地進行長期抗戰。與對手的接觸可能分成多個階段進行，需要幾週、幾個月或幾年時間。如果你已經計算過，並認為值得一戰，那麼結果將值得等待。

記住，要控制好期望。在長期衝突中，你不能期望在白熱化階段就得到令你滿意的道歉，或者對方完全屈服於你的觀點。即時解決方案——勝利或講和——可能不會出現。所以，要利用這段停頓時間來發揮你的優勢。計畫好你的攻擊，想想更大的目標。這種衝突會年深日久地延長，所以要保存精力，不要一開始就把自己搞得精疲力盡。

當然，你總會遇到激烈交戰的時刻——甚至在必要時得大吼大叫。但大多數情況下，建議你在策劃下一步和下下一步時，不妨先採取守勢。同時，你也可以效法理查，把長期投入衝突當作工作或使命。

我也明白，不是每個人都找得到願意無償工作的頂尖律師團。儘管你面對的是大企業，也做足了功課，當然有可能找到律師。

但除此之外，沒有什麼能阻止你成為最好的鬥士，你必須冷靜地蒐集事實以便打倒惡霸，無論對方是老闆、公司、官方還是學校董事會。而且，當你為正當理由挺身而出，可能會逐漸發現，其他人也願意支持你。

尖銳的抨擊文章

現在來想一想二〇二〇和二〇二一年全美發生的情況，家長們熬過了長時間封鎖，孩子們則需要視訊上課。結果他們開始意識到，有些教育內容不利於孩子的身心健康。這些家長以及許多教育工作者挺身說出想法，無論問題是學校長期關閉，還是六歲孩子被要求學習性知識、性別問題或批判性種族理論。這是有史以來第一次，當孩子們透過筆記電腦的視訊軟體與老師互動時，家長可以看到正在教導的內容——結果許多人表示反對。

紐約市有一位名叫安德魯．古特曼（Andrew Gutmann）的父親，他並不是全國第一位抗議的家長，但他的做法比較罕見。他願意大聲說話，而且有能力強烈表達自己的意見，引起全國關注。家長們大多保持沉默，因為害怕遭到社區居民嘲笑，也不想因為說出別人可能不喜歡的觀點，使得孩子冒著被群起圍剿的風險。古特曼的女兒就讀每年學費高達五萬四千美元的私立布雷爾利學校（Brearley School），校方寫了一封尖銳的信，強烈反對「反種族主義運動」，他認為這是在試圖讓女兒為自己的膚色感到內疚。這封長達一千七百字的信最初只想讓部分家長和社區成員閱讀，後來卻廣為流傳，引發了一場運動。

大多數有經濟能力的家長都想讓孩子進入布雷爾利這樣的學校，入學競爭非常激烈，因為這所學校被公認為通往常春藤聯盟（Ivy League）的途徑，象徵子女光明的未來，更不用說是家長眼中的社會地位象徵。但是，古特曼一家在女兒的全力支持下做出了艱難的選擇，七年級讀完後就不再註冊，因為「女兒需要被培育為具有批判性思維、負責任、開明和有公民意識的成年人，但我們不再相信這所學校會提供這種品質的教育。」

這是一封很長的公開信，涵蓋時下眾多議題，結論是：「布雷爾利已經開始為學生指定思考目標，而不是教他們如何思考。我反對這所學校正在造就一種環境，使得孩子和老師害怕『後果』而不敢在課堂上表達想法。」

在隨後的新聞採訪中，古特曼解釋，他是在與同校其他家長以及同類私立學校家長進行多次交談後，才寫了這封信。在討論中，他發現許多家長的感受完全一樣，不管他們的政治傾向如何。不過，他們都很擔心表達反對意見的後果。

後來發生了一件有趣的事。古特曼的信流傳開來後，更多沮喪的家長挺身而出。包括道爾頓（Dalton）、布雷爾利和聖三一（Trinity）等紐約市最頂尖的幾所私立學校在內，許多停在外面的卡車都掛上廣告看板，上面寫著「多樣教育而不是灌輸」、「要教導如何思考而不是思考什麼」以及「想不想打醒學校？說出來吧」。這些廣告由匿名團體出資，當中不乏那些私立學校的學生家長。

無論你對美國的教育現狀有什麼看法，這都是一場有效的草根運動，後來甚至演變為全國運動。各地家長開始出現在校務會議上，代表孩子發表激烈演講。在維吉尼亞州（Virginia），各行業、黨派、種族和身分的家長大聲疾呼，反對類似做法。

在費爾法克斯郡（Fairfax County）公立學校校務會議上，一位名叫齊亞・湯普金斯（Zia Tompkins）的退伍軍人有很多話要說。

「這種東西是毒藥。如果它成為我們的一部分，這個國家將會四分五裂。我怎麼知道的？我剛從中東回來，那裡的人按民族、宗教、種族分類，這樣的地方無法治理。如果你把這個觀點灌輸給孩子，把孩子區分開來，讓他們只看到種族、信條、文化、宗教，你就會毀掉這個國家。相信我，我見識過，也親身經歷過。」

維吉尼亞州勞登郡（Loudoun County）的校務會議成為全國新聞，因為家長和教師譴責學校發生的一切。從新澤西州到緬因州（Maine），再到佛羅里達州、俄勒岡州，家長因為在社群媒體和新聞中看到大家挺身而出、勇於發聲，這種在校務會議直言不諱的做法便蔓延開來。

這些問題直接影響到身為人類的我們最關心的對象，因此，對兒童教育方式的反對引起人們的關注。成千上萬的媽媽和爸爸受到激勵並採取行動，結論是他們**不再選擇沉默**。無論你對古特曼和全國其他家長強調的議題持何種立場，他們的策略——創建網站和活動、寫信給報社編輯、花錢租看板、在全國各地校務會議上集體亮相和發言——都是激發輿論海嘯極為有效的方法。

家庭事務

古特曼等人的這些訊息需要花幾個月來醞釀，使關心此事的家長鼓起勇氣。很可能至少需要一學年和一次選舉週期才能看到他們勇敢的成果，但這些家長的聲音已經被全國人民聽見，慢慢地，教育政策會開始轉變。就像那些看起來像漂浮積木的大型遊輪一樣，這麼大的東西總是需要一段時間才能運作。

家庭衝突也是如此。當緊張局面影響到一群你時常接觸的親人時，便需要你付出前所未有的耐心和毅力。這些是你會共度餘生的人，所以應該慢慢來。他們哪裡都不會去，你也不會。

瑞秋（Rachel）是在新澤西州長大的猶太人，然而她愛上了一個男人，他的家人是喬治亞州（Georgia）鄉村的重生基督徒。起初一切安好，瑞秋喜歡那些家庭習俗，比如尋找復活節彩蛋和在聖誕夜裝飾聖誕樹。但是，第一個孩子剛出生不久後，因為遇上新冠肺炎大爆發，瑞秋和丈夫決定搬去他的家鄉，從此她開始感覺到文化衝突。

這個大家庭裡全是基督教信徒，瑞秋的婆婆是女族長，她喜歡並仰慕這位老太太。但當婆婆建議她在教會養育兒子之後，衝突變得不可避免。為了讓瑞秋改變信仰，婆婆開如採取一連串行動——說話不時引用經文，把《聖經》和十字架放在各處。瑞秋和丈夫由於信仰不同，彼此早有共識，不會在自己的宗教背景中養育孩子，而是給他們支持和空間，讓他們長大後自己選擇。因此，婆婆的做法已經越界——這個問題最好趁孩子還不夠大時趕緊解決，等到他聽得懂、也會被祖母的睡前聖經故事影響時，那就太晚了。

這是真正的兩難問題。婆婆在衝突評估表上的數據是滿分十分。瑞秋是這個大家庭的外人，婆婆在她的生活中極為重要，她不能說不理就不理。然而，瑞秋決心以她認為對兒子最好的方式撫養他，沒有商量的餘地。緊張關係一直在緩慢增長，就像漸漸惡化的癌症，最後到了瑞秋不讓婆婆照顧孩子的地步。她在他們之間拉開安全距離，儘管婆婆就住在不到五分鐘車程的地方。雖然瑞秋得到丈夫的全力支持，但她知道艱難的對話即將到來。

我一直鼓勵瑞秋不要再拖延。如果她不處理這個衝突，後果可能會毀掉她的家庭。她必須坐上車，開去婆婆家，和她坐下來，對她說出真實感受。她們彼此其實有著明顯的共通點——她們都深愛著男嬰，希望給他最好的一切。這可以做為她們的切入點，但衝突不會在這次談話後就解決，以後還會需要經歷幾段難熬的時刻。畢竟雙方有嚴重代溝和文化差異，不可能一夜之間消弭。但在幾週或幾個月內，透過開誠布公、同理心和信任，可以發揮潛移默化的功效。只要瑞秋謹慎地一步接著一步處理，婆婆會逐漸明白她的界線，同時也能確保自己在孫子生命中的重要地位。時間會治癒一切。

勝利時要優雅退場

總結一下，長期衝突可以是強而有力的工具，讓你贏得最終勝利，實現有意義的社會變革，或者僅用於處理家庭事務，讓每個人都能和諧相處。實現這些目標可能需要比預期還多的時間，但它值得投資。不過，你還是需要知道衝突何時該結束。當你已經拋出自己的觀點，繼續爭論不會有任何好處。

「豪華餐酒館」（Plush）是費城郊區的一家義式餐酒館，店主原是一對夫婦，離婚後只有男老闆留下。布魯諾（Bruno）和莎莉（Shari）從前合作無間，店內生意興隆，直到先生不忠——太太發現後便與他離婚並離開。整個小鎮都知道來龍去脈，因而疼惜莎莉的遭遇，並拒絕光顧只剩下布魯諾一人的店，因為上門就意味著跟她唱反調。以前布魯諾是主廚，莎莉負責外場。少了她，營運陷入困境，生意也愈來愈差。兩人的小女兒夾在中間，使得問題更加複雜。

為了讓生意持續下去，我必須破解丈夫和妻子之間未了的衝突和怨恨（我發現自己常處於感情或親情顧問的位置，真令人費解）。開始錄製節目的第二天，我設法說服莎莉在前夫不知情的狀況下回來工作。布魯諾看到她時明顯不自在，他覺得很難熬。但我強迫他們一起工作，兩人別無選擇，只能正視受傷和失望的感覺，表達他們之間真正的衝突。

我大力逼迫丈夫面對自己的行為；也逼迫妻子正視她把自己的傷害發洩在生意上，放任它失敗。我還讓他們面對女兒受到的影響。把所有感覺都說出來，有助於這位女士回來工作，而人潮也跟著回流。布魯諾和莎莉願意挺身而出，開始重新合作。這對離婚夫妻可能永遠不會再婚，但現在已經消除隔閡，重新建立工作關係。

隨著衝突進行，我可以感覺到情緒明顯轉變。雙方忽然意識到自己的行為和態度如何影響生意和家庭。到了這個地步，就不需要再多說什麼了，我的工作已經完成，布魯諾和莎莉也已明白該繼續前進。建設性衝突救了這家店，但是，過去的得讓它過去。延長爭論或重提宿怨，只會讓他們走回老路。

了解**何時閉嘴**非常重要。我目睹太多人只顧辯解，最後失去聽眾，因為他們就是不能停止說話。只要發現你已經贏了，就該立刻優雅地退出或改變話題。

再次強調，這也是為了尊重對手，為了維護他們的尊嚴，這應該是任何建設性衝突的底線。掌握事實、控制情緒，你便已準備好投入衝突。雖然這看起來可能有點矛盾，但只有在交戰開始、中間和結束時，從尊重及維護尊嚴的角度來對待對手，你才會成為真正的贏家。

六個勝利的跡象

如何得知已贏得爭論？要等多久才能看到行為、態度或觀點改變？以下是一些線索——

① 對手開始更有建設性地與你交流。
② 話題改變，談話轉向求和。
③ 出現停頓，你可以從眼神交流和表情看出對方真的在聽你說話並消化你所說的要點。
④ 他們會提出後續問題，表現出真正想要理解你的意思，以及他們將來如何做得更好。
⑤ 音量和防備心下降。
⑥ 試圖以擁抱結束這場紛爭！

不是只有你的觀點才算數，要讓對手知道，儘管雙方意見分歧，你還是尊重他們。你的目的不是要改變與你起衝突的人，而是**改變他們的觀點**。我們可以經常發現自己認為，如果我們改變想法，就會失去尊嚴或對方的尊重。這種感覺很可能導致我們死守地盤，使得衝突延續下去。同樣地，在你試圖改變他們的想法時，允許對方保持尊嚴，就能以最小的代價打開通往正面結果的大門。只要記住，在這條賽道上獲得勝利後，不需要再為了慶祝多跑一圈！

還是那句話，改變不一定馬上發生。你必須給對手一些空間，讓他們仔細思量、舔舔傷口。我曾與在政治上看法分歧的朋友進行激烈辯論，我們的嗓門很大，但這是在有愛和尊重的人之間進行的愉快討論。對手會堅持到最後一秒，永遠不容許失分。但我注意到，幾天後再度交談時，他們已經修改意見。他們永遠不會當面或以書面形式承認，但我樂意接受！

對於更複雜而且已經超出餐桌上友好玩笑範圍的問題，則需要更持久的努力。我必須花上幾週或幾個月才能看到心態改變的證據，有些人就是太固執和驕傲。要從建設性衝突中看到正面和持久的結果，可能需要耐心。此外，獲勝後優雅退場，不會害你損失什麼。

這可能不是你第一次發生衝突，也不會是最後一次，所以請做一個公平競爭的人，讓大家都看到你直言不諱、立意良善並富有同情心。高高興興迎接最終勝利吧！接下來你便可以在沒有衝突的環境中前進，但要保持對（以前）對手的尊重。永遠不要在他們倒下時又補上一腳！

塔弗工具包重點整理

❶ **緩慢且明智地進行。**與對手的接觸可能分多個階段進行，需要幾週、幾個月或幾年時間。但這也無妨，如果值得一戰，或許結果也值得等待。

❷ **練習堅忍不拔的精神。**不要讓戰鬥消耗精力，利用兩次交戰之間的空檔休息和充電。做好準備，但也要努力區隔衝突和生活。不要為對手糾結，把精力留到法庭上或面對面的互動中。

❸ **控制好期望。**在長期衝突中，你不能期望在白熱化階段就得到令你滿意的道歉，或者對方完全屈服於你的觀點。即時解決方案——勝利或講和——可能不會立刻出現。

❹ **利用停頓時間發揮你的優勢。**計畫好你的攻擊，想想更大的目標。沒有什麼能阻止你成為最好的鬥士，你必須冷靜地蒐集事實以便打倒惡霸。

❺ **找個律師，或其他在戰鬥中支持你的人。**時間、耐心和明智的策略會讓其他人和你一起努力。

❻ **在家庭衝突中利用時間。**當緊張局面影響到一群時常接觸的親人時，便需要你付出

前所未有的耐心和毅力。

❼ **勝利後優雅退場**。這場戰鬥可能會很漫長，你需要知道衝突何時結束。

❽ **不要冒著失敗的風險過度爭辯**。當你發現自己已經贏了，或者至少接受平局，接下來請優雅地退場，不需要再為了慶祝多跑一圈！

結語

不斷進步的衝突鬥士

我們都可以提升衝突技能。當我們成為自身、企業、社區和家庭的領導者並逐漸成熟，我們可以利用這些建設性交流的工具來糾正錯誤、修補關係、改變思想及堅持原則。就像任何生活技能一樣，這是我們可以鍛鍊的肌肉，我們能在每次互動中完善和強化衝突能力。

就讓我用最後一則故事為你說明這一點。

全球護髮公司「潔西小姐」（Miss Jessie's）創始人和所有者米可·布蘭齊（Miko Branch）一直都很好鬥。她在紐約皇后區所就讀的中學時常發生肢體暴力事件，面對那些校園惡霸，她必須保護自己；後來她被送去富裕社區的學校，又得面對尖酸刻薄的惡毒女孩。她不到二十歲就要在家族事業中負責打掃客戶的房屋，並為跋扈的父親推銷這些服務，她在過程中找到自信和毅力來對抗一些有害的決定。米可後來在布魯克林（Brooklyn）經營美容院，這時的她是一名單親孕婦，但仍勇敢挺身對抗貪婪的房東、狡猾的供應商及眾多不守規矩的顧客。

「每個人生來都有一顆心，而我的心就是以這種方式活動。」米可告訴我：「如果有東西妨礙我存在，如果我感到被侵犯，無論是談話還是阻止我前進的攔截行動，我都會真實地去感受它，衝突自然無可避免。」

米可說話輕聲細語，舉止溫和親切。她給人們機會，並且傾聽和提問，以釐清她覺得不對勁的情況。她不會急於下結論或當下就反應過度，就算有人威脅到她的謀生和為寶貝兒子提供吃穿的能力；或者連鎖零售店客人的強硬要求打折，恐將損害正蓬勃發展的髮品生意金流，她也不一定會如你所料地表現出激烈態度。但是，當有證據表明——有人想佔便宜，米可的堅決就會跳出來，而她的對手很少會犯相同錯誤。

她的衝突風格多年來一直在改變。當年在曼哈頓三十四街競爭激烈的美髮學校就讀時，她必須捍衛自己的權益。「因為在那個地方，妳會因為看起來像超級名模娜歐蜜・坎貝兒（Naomi Campbell）就被別人撲倒，編髮被拆掉。」如今她已不是「從前的米可」，既是公司門面，也是團隊成員，領導著十幾名專業人士和同事，因此她以稍微不同的方式運用衝突技能。

「我們紐約人喜歡更直接及簡明扼要，但我現在的方法有更多層次。」

米可會刻意調整語氣，並根據情況、對象和更重要的互動目標來選擇用語。她從所謂的「前端」來處理衝突，首先決定自身或職業要從衝突中獲得什麼利益，以及後果是否值得（**衝突評估表**）。

「我想的是最終希望獲得什麼結果，然後從這個結果往回努力。如果是對朋友或家人，我的互動就會與想要的結果保持一致。如果我不在乎會不會再見到你，方法也會順勢調整。不過如果我在互動過程中有新發現，導致我改變立場，我會坦白承認，並且不排斥以完全不同的方式解決問題。」

關於想要達到何種目標，以及需要把觀點推進多遠才能達到目標，她的做法更具策略性。她會測試自己的立場有多穩固，在與對手交鋒前先質疑自己的假設。她從尊重和公平的角度出發，給對手解釋或說服她的機會（**衝突規則**）。她會注意對方的話語和反應，她傾聽不僅僅是為了贏得爭論，也為了確定她的觀點是否能以希望的方式被接受（**衝突儀錶**）。

「我的反應更慎重，而且有更多立體思維在進行。」米可如此解釋：「幾年前，我想到什麼就會說什麼，不考慮後果。但現在我會問自己，說出這些話是否會對這段關係或情況產生影響，而我是否在乎？」

如今，米可會採取更圓滑的手段繼續前進（**挑選戰場**）。不過當她發現自己被一位新員工看扁時，她不會這麼做——她原本希望這位高階財務人員接管大量日常營運並監督財務，讓她有多一些私人時間。但是，儘管在討論策略時他都表示「同意」，但只要一離開，他便會去做相反的事，包括向外部合作夥伴提供錯誤方向，導致公司增加不必要的開支。

米可沒有立刻反應，而是默默承受這筆費用，讓事情就這樣過去。「他是新來的，有些人需要一些時間來熱身，所以我不想逼他。」

然而，他在上任第三週後又重蹈覆轍，公司因此再度收到意外的帳單。米可不想假設新員工為什麼這樣做，所以她平靜地詢問原因，然後解釋為什麼這些突發事件嚇不倒她。

「我們的關係對我來說很重要。」她告訴他：「如果我們有共識要進行一件工作，你卻偏離計畫，事情會變得複雜，這讓我不能接受。」

他寫了封道歉信，但此後又出現幾次違規，米可感覺到他很惱火。「我認為事情仍在餘波蕩漾，時間會證明一切。」（**做好長期準備**）。

她把自己的需求和對這名員工的期望說得很清楚。「因為我不喜歡把問題放著，它會愈來愈惡化。」但她不會一開始就激烈地表達。身為老闆，她更謹慎對待那些向她報告的人，給對方

「一種公平的感覺」，擁有尊嚴且受到尊重對待。她也願意從長計議，給他機會修正錯誤方向。

但米可的衝突策略並不是一直這麼克制。當我說她使用我的塔弗工具包中所有工具時，所有這兩個字真實無誤。

首先，她注意衝突發生的地點，特意以不會嚇到員工的方式與他們交談。她巧妙地創造更加中立和隨意的環境，「儘管他們很清楚我是老闆。」對她來說，中立的環境包括：她在自己的辦公室與員工並肩而坐，而不是像老闆一樣坐在辦公桌後面；在公司外面，比如咖啡館；或繞著辦公室周圍散步。

「我從來不希望為我工作的人覺得受到攻擊。適當的環境有助於打造非正式語氣，讓他們知道我們可以進行更開放、更真誠的對話。」米可解釋道：「我讓對方參與我的處理方式，這只是兩個人之間的對話。如果我能夠因此讓對方在這個環境中感到放心，也許沿途還會有一些新發現。」

她也非常重視積極的一面。聖誕節獎金讓她為自己的老闆身分感到快樂，開出這些支票獎勵員工一年來的辛勤努力，讓她感到不可思議地滿足。

「我這個發支票的人，可能比收支票的團隊更興奮。」

身為小型企業領導者，她可以自由支配獎金額度，而且她的發放標準遠遠高於行規。但米可有位員工不太感激。他一整年都在打電話，獎金雖然很豐厚，但沒有其他幾位同事高——他知道這件事是因為他恰巧負責薪資和獎金發放，所以他決定去找米可要求更多。

「**立刻**滾出我的辦公室！」她對他聲嘶力竭地吼叫，他則落荒而逃。（**吼還是不吼**）。她吼得太大聲，以致其他成員都跑來看。幾個月後，米可逮到他欺騙作假，便解雇這個人。

「不要被我平常的樣子給騙了，人偶爾還是必須流露本性。我雖然已經成熟，但必要時從前的米可還是會出現。」

從小聯盟到大聯盟

還是不知道該如何與對手跨進擂台嗎？很多人深怕面對任何形式的衝突，那麼不妨考慮採取這個做法——在安全環境中製造小衝突，例如與配偶發生衝突的時候。

或許伴侶某些算不上嚴重的行為，多年來一直讓你有點介意。也許你從不認為值得提出來。你愛這個人，愛他所有的優點，以致丈夫每次把襪子丟在臥室地板上時，你都隨他去。說出來吧！牢記環境和衝突規則，給塔弗衝突工具包一個測試機會。

「我說，親愛的，關於那些襪子……。」

接下來，把這本書擱著一星期，尋找另一種可以引發建設性交流的情況，以便讓生活更美好。

可能你的鄰居總要隔好幾天才會把車道盡頭的資源回收箱拖回他家，每次你從廚房窗戶往外看，那個藍色大垃圾桶在風中搖晃，時不時被吹到你前院的盡頭，很不雅觀，也很煩人。禮貌地要求對方及時收起垃圾桶，絕對沒有道理演變為一場對決。但如果真的發生，你知道自己已經備妥工具。

經過幾次這類真誠的交流——有些激烈，有些溫和，你應該會更加自信。大聯盟等級衝突可能包括：「孩子監護權」這類高風險問題；或者與從事不道德行為的同事起衝突；它也可能是針對某個政治議題與一群人意見分歧；或遇到一群試圖強迫你在街上下跪的喧鬧「抗議人士」；也許你在餐館吃飯時不喜歡握緊拳頭，但討厭的小孩一直在你面前尖叫；或者，有個重大問題必須向當局說明，以便你的小公司能夠繼續營業，你和員工才能養家活口……。

你可以也應該為自己挺身而出，不趁現在把握機會，還要等到什麼時候？

你早已準備好了。

你專屬的建設性衝突評估表

【在你跨進擂台之前，問問自己】

①我是否已完成本益分析？

- 確保獎勵是值得的。不重要的小事可能不值得你花費時間和精力。
- 計算所有成本——個人、職業、情緒和財務層面。
- 確保你準備好接受損失。許多風險值得你放手一搏，有些則不值得。
- 不要害怕走開——如果這是分析顯示的結果。

②我的情緒是否得到控制？

- 冷靜地面對衝突。要做到這一點，事先做好功課是最佳辦法。
- 投入衝突時，流露情緒無妨——但要確保你能控制得住。讓你的評論以事實為基礎。

• 可以表達感受，但不要自以為是地替對手說出他們的感受。

【一旦上了擂台，要問自己】

③ 我是否尊重對手，讓他們保持尊嚴？

• 使用恰當的詞語稱呼對方——不罵人，不取貶低人的綽號。
• 自我尊重——不翻白眼、不嘻皮笑臉，或做出其他有貶損意味的肢體語言。
• 傾聽對方所說的話——與他們核實，以確保你理解他們的意思。
• 調查一下環境是否合適，而不是讓你或對手感到不舒服、尷尬或受到其他影響。

④ 我是否努力尋找與對手的共通點？

• 舉例說明：你和對手能在哪些方面取得共識——但也要設下衝突的底線。
• 分享可以說明衝突性質的具體例子，以便對手能看到「你的出發點」。
• 如果合適的話，分享類似的個人軼事，以打造雙方的共同經驗。

⑤我是否用最相關的事實和令人信服的證據來闡述我的論點？

- 跳過抱怨。抱怨不能改變想法或贏得爭論。
- 審查你的事實。確保它們支持你的論點，並且準確又易於理解。尋找例子來說明這些事實如何適用於情況。
- 表明你的想法或解決方案更適合的原因。運用實證和例子——而不是假設。

⑥我是否給予自己應有的尊重？

- 不要覺得你必須為持有某種觀點或提供某些解決方案而道歉。你有權提出想法。

務必要確保你有把握——審查你的事實和證據，如果你認為它們不夠有力，就回去做更多功課。如果你確定它們夠強，那麼就帶著自信和不道歉的態度提出來吧！

謝辭

感謝妻子妮可，一直以來支持我——二十五年來，橫跨數百萬英里，多達數千天的奔波。

還有尚恩．沃克和塔弗團隊成員，你們都堅守原則。謝謝你們總是挺身而出，把我的想法／目標／願景變成現實，包括這本書在內。你們的支持使我寫出真正自豪的東西。

這本書有豐富的細節和觀點，全都要歸功於那些大方和我分享故事的人，不論具名或不具名。感謝你們，我的內心充滿感激。

最後，我要感謝文學團隊：經紀人伯德．利維爾（Byrd Leavell），感謝你對我的信任，並提供最犀利的意見。感謝編輯麗莎．夏奇（Lisa Sharkey）和麥特．哈波（Matt Harper），你們打開我的思路，讓本書傳達更好的訊息。還有我的「書魂喚醒者」珊曼莎．馬歇爾（Samantha Marshall）。珊，是妳聽見了我！

參考文獻

第一章 衝突的理由

1. 瓦倫丁・列別傑夫，《太空人的日記》（*Diary of a Cosmonaut: 211 Days in Space*）（紐約：Bantam Books，一九九〇）。
2. 同上，139。
3. 同上，224－225。
4. 同上，284。
5. 同上，18。
6. Jerry Hirsch，〈通用汽車新任執行長瑪麗・巴拉，美國最有權力的女性高階主管（問答）〉（Mary Barra New CEO at GM, Most Powerful Female Exec in America [Q&A]），《洛杉磯時報》，二〇一三年十二月十一日，https://www.latimes.com/business/autos/la-fi-hy-mary-barra-gm-ceo-20131211-story.html#axzz2rAIzEROr。
7. 傑夫・韋斯和喬納森・休斯，〈想要合作？接受並積極管理衝突〉，《哈佛商業評論》，二〇〇五年三月，https://hbr.org/2005/03/want-collaboration-accept-and-actively-manage-conflict。
8. 約翰・科特，〈打一場漂亮的仗：衝突如何幫助你推展觀點〉（The Good Fight: How Conflict Can Help Your Idea），《哈佛商業評論》，二〇一〇年十二月十四日，https://hbr.org/2010/12/the-good-fight-how-conflict-ca.html#:~:text=To%20make%20positive%2C%20lasting%20change,John%20P。
9. 伊恩・史密斯醫學博士，《心態決定體重》（*Mind over Weight: Curb Cravings, Find Motivation, and Hit Your Number in 7 Simple Steps*）（紐約：St. Martin's Press，二〇二〇）。
10. A. Fowler, E. Field, and J. Mcmohan, "The Upside Of Conflict", Stanford Social Innovation Review, https://learn.twu.ca/pluginfile.

php/171693/mod_resource/content/1/The%20Upside%20of%20Conflict.pdf.

第二章 頭腦中的爭戰

1. Tzeses, Jennifer，〈全面了解認知失調〉（Tell Me Everything I Need to Know About Cognitive Dissonance），PSYCOM.com, https://www.psycom.net/cognitive-dissonance。

第四章 衝突的規則

1. 美國法庭，〈制定基本規則——民間討論和艱難的決定〉（Setting Ground Rules-Civil Discourse and Difficult Decisions），https://www.uscourts.gov/educational-resources/educational-activities/setting-ground-rules-civil-discourse-and-difficult。
2. Kate Taylor，〈星巴克已成為熱愛川普的保守派的目標——這對該品牌來說是好消息〉（Starbucks has become a target of Trump-loving conservatives—and that's great news for the brand），《商業內幕》（*Business Insider*），二〇一七年二月五日，https://www.businessinsider.com/why-trump-supporters-boycott-starbucks-2017-2。
3. Sandy Grady，〈雷根與提普愛宴上的一點甜頭〉（A Bit of Blarney at Ron-Tip Love Feast），費城日報（Philadelphia Daily News）／奧蘭多前哨報（Orland Sentinel），一九八六年三月十九日，https://www.orlandosentinel.com/news/os-xpm-1986-03-19-0210030090-story.html。
4. 達特茅斯戰勝衝突評析，https://onemindpsyberguide.org/apps/dartmouth-path/。

第六章 吼還是不吼

1. 喬恩．塔弗，《提高標準：獲得客戶反應的行動準則》（西雅圖：Amazon Publishing，二〇一三）。

第七章 傾聽得勝

1. 喬吉娜和尤蘭達．康耶絲，《聯想之道》（紐約：McGraw-Hill，二〇一四）。

第八章 在轉角碰面

1. David Shepardson，〈不友好的天空：二〇二一年有二千五百名不守規矩的美國民航乘客被舉報〉（Unfriendly skies: 2,500 unruly U.S. airline passengers reported in 2021），路透社（Reuters），二〇二一年五月二十四日，https://www.reuters.com/world/us/us-has-received-2500-unruly-airline-passenger-reports-since-jan-1-2021-05-24/。

2. 希歐多爾．金尼，〈迪士尼兄弟的困境〉（The Disney Brothers' Dilemma），《家族企業雜誌》（*Family Business Magazine*），二〇〇四年春季號，https://www.familybusinessmagazine.com /disney-brothers-dilemma-0。
3. IMDb，〈白雪公主與七個小矮人小故事〉（Snow White and the Seven Dwarfs Trivia），https://m.imdb .com/title/tt0029583/trivia?tab=gf&ref_=tt_trv_gf。
4. 金尼，〈迪士尼兄弟的困境〉。
5. 金尼，〈迪士尼兄弟的困境〉。
6. 金尼，〈迪士尼兄弟的困境〉。
7. 〈《酒吧救援》的喬恩．塔弗調的曼哈頓雞尾酒世界難喝——梅瑞狄斯．艾維拉秀〉（Jon Taffer of Bar Rescue Makes the Worst Manhattan –Meredith Vieira Show），https://www.reddit.com/r/cocktails/comments/4h0kyc /jon_taffer_of_bar_rescue_makes_the_worst/。

第九章 成為橋樑

1. Graham Kenny，〈不要犯常見的併購錯誤〉（Don't Make This Common M&A Mistake），《哈佛商業評論》，二〇二〇年三月十六日，https://hbr.org/2020/03/dont-make-this-common-ma-mistake。
2. Sarah Pruitt，〈傑佛遜與亞當斯：亦敵亦友的開國元勳〉（Jefferson & Adams: Founding Frenemies），The History Channel website，https://www.history.com/news/jefferson-adams-founding-frenemies。

國家圖書館出版品預行編目 (CIP) 資料

衝突的力量：以和為貴帶來焦慮，息事寧人埋下火種，如何真正表達情緒與需求？/ 喬恩．塔弗 (Jon Taffer) 著；蔡心語譯．-- 二版．-- 新北市：方舟文化，遠足文化事業股份有限公司，2024.11

面；　公分．--（心靈方舟；4050）
譯自：The power of conflict : speak your mind and get the results you want

ISBN 978-626-7442-97-5（平裝）

1.CST: 人際關係 2.CST: 人際衝突 3.CST: 衝突管理

177.3　　113014195

心靈方舟 4050

衝突的力量

以和為貴帶來焦慮，息事寧人埋下火種，如何真正表達情緒與需求？

The Power of Conflict: Speak Your Mind and Get the Results You Want

作　　者　喬恩・塔弗 Jon Taffer
譯　　者　蔡心語
封面設計　Bert.design
內文設計　薛美惠
主　　編　林雋昀
行銷主任　許文薰
總 編 輯　林淑雯

出版者　方舟文化／遠足文化事業股份有限公司
發　行　遠足文化事業股份有限公司（讀書共和國出版集團）
231 新北市新店區民權路 108-2 號 9 樓
電話：（02）2218-1417
傳真：（02）8667-1851
劃撥帳號：19504465　戶名：遠足文化事業股份有限公司
客服專線：0800-221-029　E-MAIL：service@bookrep.com.tw
網站　www.bookrep.com.tw
印製　東豪印刷事業有限公司　電話：（02）8954-1275
法律顧問　華洋法律事務所　蘇文生律師
定價　420 元
初版一刷　2023 年 3 月
二版一刷　2024 年 11 月
ISBN　978-626-7442-97-5　書號　0AHT4050

方舟文化官方網站

方舟文化讀者回函